Het werkvormenboek

Het werkvormenboek

40 loopbaanoefeningen die werken

Rupert Spijkerman

Margriet Bienemann

Thema, uitgeverij van Schouten & Nelissen

© Thema, Zaltbommel, 2009

Voor overnames kunt u contact opnemen met de klantenservice van Thema,
Postbus 287, 5300 AG Zaltbommel, T: 0418-683700 of info@thema.nl.

Omslag: Elma Smeenk, Zaltbommel
Binnenwerk: Paul Boyer, Amsterdam
Grafische productie: Tailormade, Buren

ISBN 978 90 5871 681 1
NUR 801
TREFWOORD coaching

www.thema.nl

INHOUD

INLEIDING

Mensen gaan naar een loopbaanbegeleider of coach als ze zich los willen maken uit loopbaanpatronen die niet functioneel meer zijn. En ook om zich open te stellen voor nieuwe energie, een andere houding, een nieuwe visie. Je cliënt bereidt zich voor op zijn toekomst.

Loopbaanbegeleiding zien wij als een vorm van coachen op loopbaanstrategieën. De kunst van het coachen is vooral: mensen vragen stellen zodat ze zich ontwikkelen in een richting die ze wensen. Dit wil zeggen dat je hulp geeft bij de beantwoording van drie sleutelvragen:

- Waar sta ik nu?
- Waar wil ik naartoe?
- Hoe ga ik dat aanpakken?

Die hulp is procesgericht. Je bent leidend als het gaat over de vorm van dit proces van strategieontwikkeling. De cliënt is leidend bij de inhoudelijke beantwoording van deze drie sleutelvragen.

De cliënt ontwikkelt een persoonlijke loopbaanstrategie door stil te staan bij en contact te maken met zijn eigen ervaringen en biografie (interne dialoog). Ook doet hij dat door te communiceren met mensen die een rol spelen in zijn leven en loopbaan (externe dialoog). De strategie wordt gebouwd op twee pijlers: terugblikken en doelen stellen.
Bij beide processen zorg je voor diepgang en kwaliteit door de vorm die je kiest voor de begeleiding. Over de kwaliteit van die loopbaanstrategie stel je je cliënt indringende vragen:

- Wat is je levensfilosofie?
- Wat zie je als je persoonlijke missie?
- Wat zijn de kernwaarden waar je voor staat?
- Wanneer ben je tevreden over je leven en loopbaan?
- Wat zijn je sterke kanten?
- Welke levensgebeurtenissen zijn bepalend (geweest) voor jouw opstelling en instelling?
- Wat zijn de patronen waarin je zit (vastgeroest)?
- Wat zijn je dromen en wensen?
- In welke omgeving voel je je thuis?
- Met welke belangen wil je rekening houden?
- Welke dilemma's houden je gevangen?
- Waar en hoe leer je het meeste over jezelf en je loopbaan?

Het zijn voor de cliënt bepaald geen gemakkelijke vragen. Daarom past de coach de manier waarop hij die vragen stelt, aan de situatie, het niveau en de taal van de cliënt aan.

Een professionele coach geeft aan het proces van de interne en externe dialoog een vorm die de cliënt helpt om zo nodig dieper te graven, beter te evalueren en adequater vooruit te blikken naar de toekomst. Hiertoe zet de coach vijf kwaliteiten in:

1 een relatie kunnen opbouwen waarin je cliënt onbevangen (kwetsbaar en open) deze dialoog kan voeren
2 het thema/onderwerp aan kunnen snijden dat prioriteit heeft
3 kunnen zorgen voor diepgang
4 de stof kunnen ordenen zodat deze overzichtelijk en inzichtelijk wordt en blijft
5 de bekwaamheid om werkvormen in te zetten als je dat nuttig acht voor het proces van reflectie en communicatie van de cliënt.

Werkvormen als hulpstructuren

Werkvormen zijn hulpstructuren die je gebruikt om de cliënt te helpen de dialoog met zichzelf en zijn omgeving te voeren. Een goed voorbeeld van zo'n hulpstructuur die bij kan dragen aan diepgang en ordening in het zelfonderzoek van de cliënt, is de werkvorm *De vijf cirkels van werkbeleving*. Je kunt je cliënt namelijk gewoon de open vraag stellen: 'Hoe beleef je je werk op dit moment?', maar je kunt je cliënt ook vragen om eerst de werkvorm in te vullen. Daarna vraag je pas wat hem zelf is opgevallen, nu hij op vijf dimensies een uitspraak heeft gedaan over wat hij persoonlijk beleeft en wat hij eigenlijk zou willen voelen als werkbeleving.

De vijf cirkels van werkbeleving

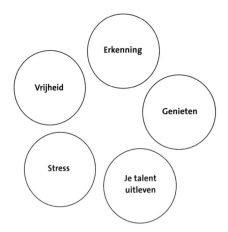

De sterkte van jouw werkbeleving als een gevoel van **vrijheid, erkenning, genieten, uitleven van talent, stress** kun je uitdrukken in een getal tussen de nul en de tien.

Figuur 1 De vijf cirkels van werkbeleving

Druk de gevoelswaarde van je werkbeleving uit door alle vijf dimensies een cijfer te geven op een schaal van nul tot tien. De waarde van iedere belevingsdimensie kan maximaal 10 zijn. De waarde van alle vijf dimensies is samen maximaal 50.

–   Welke gevoelswaarde heeft jouw werkbeleving op dit moment voor iedere dimensie? Vul in iedere cirkel een cijfer in.
–   Teken nu zelf op een vel papier de vijf cirkels nog eens als een beeld van de ideale situatie zoals je zou willen dat je je werk ideaal gesproken beleeft en vul daarop het cijfer in van wat je ideaal gesproken als beleving graag zou willen..

Deze werkvorm helpt de cliënt gerichter na te denken over vijf cruciale aspecten in zijn werk en stelt hem in staat om de intensiteit van zijn gevoelens zichtbaar te maken via een getal. Bovendien kan hij direct aangeven in hoeverre zijn huidige werkbeleving en de door hem gewenste werkbeleving overeenkomen. Waar de schoen wringt, wordt op deze manier direct zichtbaar en bespreekbaar.

Werkvormen zijn ook hulpstructuren om loopbaanleren te bevorderen. De ontwikkeling van een nieuwe loopbaanstrategie heeft het karakter van een innovatief leerproces. Iemand komt bij jou als er iets te leren valt. Als de bestaande, oude strategie niet meer werkt, moet het persoonlijke loopbaanbeleid vernieuwd worden.

We hebben voor deze veertig werkvormen gekozen, omdat we veel belang hechten aan werkvormen die de hele persoon bereiken. Daarom ruimen we evenveel plaats in voor werkvormen die de ratio aanspreken als voor werkvormen die een beroep doen op de verbeelding of op de creativiteit of op de dynamiek tussen mensen of op de onderlinge communicatie over loopbaanzaken. De belangrijkste vraag die voorafgaat aan de keuze voor een bepaalde werkvorm, is de vraag wat de cliënt zou moeten leren om zijn loopbaanzaken goed te kunnen managen. Pas als deze vraag helder is, kun je beoordelen welke werkvorm het beste bij de situatie past.

Omdat niet iedereen op dezelfde manier open staat voor leerervaringen, is het nodig om een werkvorm te kiezen die de leerervaring biedt die de cliënt nodig heeft. We onderscheiden:
–   speelse werkvormen die je cliënt activeren om in beweging te komen
–   werkvormen gericht op de verbeelding
–   werkvormen die een beroep doen op analytisch denken
–   werkvormen die een beroep doen op communicatie
–   werkvormen gericht op actieplanning en actievoorbereiding
–   werkvormen die de cliënt helpen om vanuit ontspannen aandacht contact te maken met de diepere lagen van het zelf.

ENERGIE OPWEKKEN	LOOPBAANYOGA	DROOMWERELDEN	CREATIEVE WERK-PLAATS
Beroepsnamen Je identificeert je met beroepen om te weten te komen wie je bent	**Spiegelbeeld** Negatieve gedachten doorbreken door jezelf vriendelijk en krachtig toe te spreken	**De film van je toekomst** Het visualiseren van je toekomst opent nieuwe perspectieven	**Vertel mij wie je bent** Aan de hand van een boek, foto, cd en schilderij vertel je wat je aanspreekt en wat dat betekent
Canon zingen Energizer om je door het zingen van een eigen lied ontspannen en krachtig te voelen	**De wandeling** Met een meditatieve wandeling maak je ruimte voor nieuwe gedachten	**De bergwandeling** Het maken van een denkbeeldige reis brengt gevoelens over je loopbaan en beroep dichterbij	**Scenarioschrijver** Je schrijft een toneel-stukje in drie bedrijven. Je benut je ervaringen om al een idee te ontwikkelen over de ideale toekomst
Loopbaan-adrenaline Een lichaams- en assertiviteitsoefening en een proefgesprek om te zorgen dat je je passiviteit doorbreekt	**Op de plaats rust** Je doet een ontspan-ningsoefening om helemaal tot rust te komen	**Afscheidsrede** Je verduidelijkt je waarden en kwali-teiten in een zelf-geschreven toespraak	**Loopbaansprookje** Je loopbaankoers wordt uitgewerkt in een sprookje met een happy end
Receptie Je wisselt op een receptie informatie uit over competenties waar je trots op bent	**De boodschap** Je denkt na over een tekst met een bood-schap (verandering, bewustwording, een ander standpunt innemen)	**Werken met metaforen** Je doorbreekt stan-daardpatronen door metaforen te gebrui-ken	**Loopbaan tekenen** Je maakt drie tekenin-gen die leiden tot nieuwe loopbaan-associaties
Leeftijd Onderzoek naar de betekenis van je leeftijd in relatie tot je werk	**Het woord** Door het steeds herhalen van een rustgevende klank, word je rustig	**Droombaan** Je schrijft onbevangen over je droombaan zodat die dichterbij komt	**Wapenschild maken** Je ontwerpt je eigen wapenschild voor je loopbaan

Schema 1 Overzicht werkvormen per hoofdstuk

STUKJES VAN EEN PUZZEL	DE KRACHT VAN COMMUNICATIE	KNOPEN DOORHAKKEN	ROUTEPLANNER
Informatie die hout snijdt Incidentenonderzoek om uit te zoeken hoe je functioneert in je werk	**Competentiecheck** Je zoekt feedback over je eigen competenties via een interview met kritische bekenden	**Dilemma** Je doorbreekt een impasse door een combinatie van geleide fantasie, gekoppeld aan visualisatie-opdrachten	**Backcasting** Je redeneert terug vanuit een gewenste toekomst om nu plannen te maken voor die toekomst
Mindmap maken Een speelse manier om ordening en structuur te brengen in je loop-baanideeën	**Pop-gesprek voorbereiden** Je maakt je zwakke en sterke kanten bespreekbaar bij het voorbereiden van een POP-gesprek	**Disneystrategie** Je bekijkt je keuzewens vanuit de positie van dromer, criticus en realist	**Loopbaancontract opstellen** Je maakt een werkplan in de vorm van een contract met jezelf
Zoekprofiel opstellen Je formuleert welke eisen je aan je toekom-stige werkt wilt stellen	**Elevator pitch** Je oefent om jezelf in een paar woorden kernachtig te presente-ren	**Advocaten** Je toetst en nuanceert je keuzeplannen in debat met de pleit-bezorger en de advocaat van de duivel	**Beren op de weg** Je neemt afstand van irrationele denkbeelden
Go with the flow Je analyseert succes-volle ervaringen uit het verleden om die te gebruiken voor je toe-komst	**Anders kijken naar hetzelfde** Je ontdekt andere gezichtspunten van je loopbaankwestie	**Beweging in het keuzeproces** Het onderzoeken van blokkerende en bevor-derende factoren	**Loopbaaninnovator** Je neemt initiatief om loopbaanbeleid uit te zetten waaraan je je bindt
Mijn competentie-profiel Je scoort je competen-ties op de competen-tielijst	**Sollicitatievragen oefenen** Je leert adequaat te reageren op moeilijke sollicitatievragen	**Keuzelogica** Je zet alle keuzeargu-menten op een rij	**Actiemeter** Je neemt verantwoor-delijkheid voor de actie die je in je eigen loop-baan onderneemt

Leeswijzer

Dit boek is geschreven om *hands on* te raadplegen. Je kunt de inhoudsopgave van dit boek zien als een menukaart. Er is wel een voorgerecht (de inleiding), maar het gaat in dit geval toch vooral om de hoofdgerechten (hoofdstuk 2 t/m 9). Welk hoofdgerecht is voor jou relevant? De gast die van toetjes houdt, kan ten slotte goed terecht in hoofdstuk 10: de methodische context voor zowel de cliënt als de coach.

Je kunt uitgaan van twee criteria als je dit boek doorbladert op zoek naar iets wat je kunt toepassen in je eigen praktijk. Het eerste criterium is de vraag of je het zelf in je mars hebt om deze werkvorm goed uit te voeren. Ligt de werkvorm je voldoende? Past de werkvorm bij jouw werkstijl? Doe de werkvorm alleen als je vertrouwen hebt in jezelf bij de toepassing ervan. Het tweede criterium is de vraag of de werkvorm past bij de leerstijl en leerbehoefte van je cliënt.

Het is natuurlijk zelden zo dat de werkvorm, zoals die door ons wordt beschreven, zonder aanpassingen aan de specifieke situatie kan worden uitgevoerd. Taal en vorm pas je aan, zodat je cliënt ermee uit de voeten kan. Vooral de werkvormen die veel vragen van de creativiteit en het invoelingsvermogen van de cliënt, vragen ook veel van jouw rust en inventiviteit, inclusief een stevige voorbereiding en een goede zelfkennis. Leg de werkvorm van tevoren altijd uit aan je cliënt en doe de werkvorm niet als hij er niet (zelfs niet na enig aandringen en uit de tent lokken) achter kan staan.

Tot slot tref je bij bijna elke werkvorm een werkblad aan.
Deze werkbladen zijn in een klein formaat in dit boek opgenomen, maar ga naar de website van Thema (www.thema.nl/product/het-werkvormenboek/) als je de werkbladen wilt downloaden om te oefenen.

ENERGIE OPWEKKEN

In ieder proces zit wel eens een dip: een fase waarin het proces van reflectie en communicatie tijdelijk stagneert. Op zo'n moment heeft de cliënt of de groep een oppepper nodig: even lachen, even bewegen, even iets totaal anders doen. Je kunt besluiten bewust iets te doen aan deze impasse door een *energizer* in te zetten.

Een energizer is een korte oefening om het zand dat in de raderen van het proces is geslopen, er weer uit te werken. Het doel is om energie op te wekken of energie terug te brengen. Een energizer kun je op ieder moment in het begeleidingsproces inzetten. Dit type werkvorm werkt vaak goed als kennismaking in een beginnende groep en kan helpen de middagdip te doorbreken.

De energizer doorbreekt patronen. Dat kan weerstand oproepen. Wees daar alert op: introduceer de werkvorm zorgvuldig en beoordeel of de cliënt (groep) er echt aan wil.

Vooral bij loopbaanbegeleiding in groepen kan het inzetten van een energizer heel functioneel zijn. De energizers die in dit hoofdstuk aan de orde komen, hebben alle vijf iets te maken met het onderwerp loopbaan:
- Beroepsnamen
- Canon zingen
- Loopbaanadrenaline
- Receptie
- Leeftijd.

1   BEROEPSNAMEN

Je identificeert je met beroepen om te weten te komen wie je bent.

VOOR WIE?
- scholieren, studenten en volwassenen
- een groep van maximaal twaalf personen
- niveau: voor iedereen.

WANNEER?
- bij de start van een training
- deze werkvorm is een succes in loopbaantrainingen. Hij creëert direct een persoonlijke sfeer.

MOGELIJKE RESULTATEN VOOR DEELNEMERS
- Je ontdekt dat je via je beroep veel zegt over wie je bent.
- Je maakt kennis met elkaar op een niet-conventionele manier.
- Je denkt na over wat wel en niet bij je past.

DRAAIBOEK
- beroepskaartjes maken (vooraf)
- beroepsnaamkaartje aan iedere deelnemer geven (2 minuten)
- een kennismakingsronde door beroepsnamen uit te leggen (5 minuten)
- kennismaking voorbereiden (3 minuten)
- de kennismakingsronde doen (36 minuten met twaalf personen, dus ongeveer 3 minuten per persoon)
- kennismakingsronde nabespreken (10 minuten).

Totaal: 56 minuten.

INSTRUCTIE
Voorbereiding
Maak vooraf ruim voldoende kaartjes waarop de naam staat van een markant beroep en plastificeer ze eventueel. Pas het niveau van het beroep aan de cliënt/groep aan.

Uitvoering
- Geef iedereen een kaartje met daarop de naam van een beroep en vertel nog niet wat de bedoeling is.
- Geef het doel aan van de kennismakingsronde en leg uit hoe de cliënten zichzelf kunnen introduceren als persoon door middel van de beroepenkaartjes.

- Geef de cliënten de opdracht om te zeggen in hoeverre ze zich kunnen identificeren met het beroep dat op hun kaartje staat (zie verder *Instructie voor de cliënt*).
- Geef de cliënten drie minuten om zich voor te bereiden op wat ze gaan vertellen over zichzelf.
- Volg een strakke procedure: iedereen komt aan de beurt. Jij wijst aan wie begint (meestal de cliënt links van je).
- Het draait in deze werkvorm om wat de cliënt over zichzelf bloot wil geven.
- Bedank de persoon en geef de volgende het woord.

Aandachtspunten en tips
- Lok de cliënt uit de tent, zodat hij zich blootgeeft.
- Zorg dat degene die aan het woord is, niet in het luchtledige praat en vat de kern van iedere cliënt samen.
- Zorg dat de cliënt die aan het woord is, jou niet te veel aankijkt; hij kijkt de groep in en praat tegen de groep.
- Houd het tempo erin. Als het verhaal bij een of twee personen uitloopt, wordt het gauw te veel.

Nabespreking
Bespreek hoe gemakkelijk iedereen via deze oefening belangrijke dingen over zichzelf zegt en geef daarbij een paar voorbeelden van opmerkingen van cliënten. Sta ook even stil bij het feit dat de cliënt een beroep toegewezen heeft gekregen en dat dit beroep misschien niet aansluit op zijn persoonlijke waarden en kwaliteiten. Ook daarvan kan de cliënt leren. Geef daar enkele voorbeelden van op basis van wat cliënten hebben verteld.

INSTRUCTIE VOOR DE CLIËNT
We beginnen met de kennismaking. We doen eerst een algemeen rondje zodat we weten wie je bent. Stel je even aan elkaar voor: zeg je naam en vertel wat je dagelijks doet.

Aan het begin van deze bijeenkomst heb je een kaartje ontvangen met daarop de naam van een beroep. Je bereidt je drie minuten voor door je af te vragen in hoeverre en in welk opzicht dit beroep past bij jouw persoon, je talenten, je waarden en interesses. Daarna begint de kennismaking. Jij vertelt als je aan de beurt bent aan iedereen welk beroepsnaamkaartje jij hebt gekregen. Lees de naam van het beroep hardop voor. Leef je in in het beroep van het kaartje: zou het jouw beroep kunnen zijn?

Leg uit in hoeverre dit beroep bij je past en in hoeverre juist niet. Wees daarin heel concreet en gedetailleerd. Op deze manier krijgen we een eerste indruk over jou als persoon.

Als de volgende aan de beurt is om te vertellen over zijn beroepsnaamkaartje en zijn persoon, luister dan aandachtig en actief. Stel eventueel een vraag als iets je niet voldoende duidelijk is.

2   CANON ZINGEN

Een energizer om je ontspannen en krachtig te voelen door een zelfgemaakt lied te zingen.

VOOR WIE?
- scholieren, studenten, volwassenen
- een groep van minimaal twaalf personen
- niveau: voor iedereen.

WANNEER?
- als start van bijvoorbeeld een middagsessie, om de boel een beetje op te peppen
- geschikt voor alle soorten trainingen.

MOGELIJKE RESULTATEN VOOR DEELNEMERS
- Je ontspant je.
- Je voelt je opgenomen in een groep.
- Je ervaart positieve energie en persoonlijke kracht.

DRAAIBOEK
- uitleggen wat de bedoeling is: je gaat een canon zingen (3 minuten)
- de deelnemers zelf een tekst laten maken op de wijs van *Vader Jacob* (15 minuten)
- één keer oefenen (7 minuten)
- samen de canon zingen (10 minuten).
Totaal: 35 minuten.

INSTRUCTIE
Voorbereiding
Bedenk vooraf zelf een voorbeeld van een tekst die je voor kunt zingen.
Een voorbeeld: Ik ben ... (je voornaam), ik ben ... (je voornaam)
Ik ben sterk, ik ben sterk
Ik kan heel goed ... (vul iets in wat je echt goed kunt volgens jezelf). Ik kan heel goed ...
Bim bam bom, bim bam bom.
Of: Wij zijn leeuwen (2x)
Wij zijn sterk (2x)
Wij werken heel goed samen (2x)
Bim bam bom, bim bam bom.

Uitvoering
- Leg aan de cliënten uit wat de bedoeling is.

- Zing je eigen tekst voor en aarzel niet om daarbij een keer flink uit te halen. Kortom: maak stemming!
- Zet daarna je cliënten aan het werk om gezamenlijk zelf een tekst voor de hele groep te maken op de wijs van *Vader Jacob* (zie *Instructie voor de cliënt*).
- Maak vier subgroepen voor de canon.
- Laat iedereen even inzingen.
- Eerst zingt iedereen de tekst samen en daarna maakt de dirigent er een canon van door elke subgroep na een volgende regel in te laten zetten.
- Tot slot zing je nog een keer uit alle macht samen het hele lied.

Aandachtspunten en tips

Leg de nadruk op enthousiasme en plezier. Wijs voor het samen zingen van de canon een dirigent aan (of doe het zelf).

Nabespreking

Ga na of de *fun* van het geheel een beetje werkt ... het lied is alleen maar als een korte animator bedoeld.

INSTRUCTIE VOOR DE CLIËNT

We gaan nu een canon zingen. Je maakt op de wijs van *Vader Jacob* een nieuw lied. Je kiest je eigen woorden, maar wel woorden die met loopbaan, werk of talent te maken hebben. De coach geeft (zingt) het voorbeeld. Je krijgt nu tien minuten om ook zoiets te maken. Er is vast wel iemand bij die dat zo uit zijn mouw schudt. Dan maken we vier subgroepjes. Je oefent even met je eigen groepje. Let op of je de tekst ook goed kunt zingen. Daarna zingen we samen de canon onder leiding van de dirigent.

3 LOOPBAANADRENALINE

Een lichaamsoefening, een assertiviteitsoefening en een proefgesprek, gericht op het mobiliseren van energie, om te zorgen dat je een impasse doorbreekt.

VOOR WIE?
- studenten en volwassenen
- een groep van maximaal twaalf personen
- niveau: voor iedereen.

WANNEER?
- als verstandig praten niet voldoende helpt en de groep in een impasse verkeert en passief reageert
- wordt veel toegepast in assertiviteitstrainingen.

MOGELIJKE RESULTATEN VOOR DEELNEMERS
- Je voelt je energie en vechtlust opkomen.
- Je merkt dat je de kracht hebt om de situatie aan te pakken.

DRAAIBOEK
- de werkvorm introduceren (5 minuten)
- fysieke oefeningen doen (6 minuten)
- assertiviteitsoefening doen (8 minuten)
- frustratie uiten (9 minuten)
- nabespreken (36 minuten).

Totaal: 64 minuten.

INSTRUCTIE

Voorbereiding

Zorg dat de ruimte waarin je werkt, groot genoeg is om de cliënten op de grond te laten liggen en in groepjes van twee te laten staan.

Uitvoering
- Geef de instructie voor de eerste oefening:

  De fysieke oefening duurt zes minuten en bestaat uit drie delen: twee minuten je op de grond opdrukken, twee minuten op de plaats rennen, twee minuten omhoogspringen en daarbij een strijdkreet slaken (zie *Instructie voor de cliënt*).

- Geef de instructie voor de tweede oefening:

  De assertiviteitsoefening bestaat uit een dialoog, waarbij twee cliënten tegenover elkaar staan en oefenen met onderwerpen als afstand en nabijheid, hard en zacht praten, en elkaar imponeren door tegenstrijdige dingen tegen elkaar te roepen (zie *Instructie voor de cliënt*). Hoe lang de oefening duurt, hangt af van het aantal deelnemers (één minuut per persoon in de 'positieve' rol en één minuut in de 'negatieve' rol per onderwerp).

- Geef de instructie voor de derde: Maak groepjes van drie. De groep spreekt nu zijn frustratie over het loopbaangebeuren tegen elkaar uit. Waar zit de cliënt mee (drie minuten per persoon)?

Aandachtspunten en tips

- Pas bij de assertiviteitsoefening op dat deze niet naar een climax van agressie leidt, want het gaat erom dat de cliënt ervaart dat hij meer of minder energie kan mobiliseren als hij dat wil!
- Actief of passief reageren is een keuze in een reactie op een situatie.
- Houd de tijdsplanning zorgvuldig aan.

Nabespreking

- In principe kun je na ieder onderdeel een nabespreking houden.
- Vraag steeds naar de beleving van de cliënt en vooral naar het verschil in kracht en energie voor en na de oefening. Bespreek hoe de cliënt zijn eigen energie zou kunnen mobiliseren. Bespreek de slachtofferhouding tegenover de actorhouding.
- Hoe was het voor de cliënt om zijn grootste frustratie even te uiten?
- Wat heeft deze energizer de cliënt opgeleverd?

INSTRUCTIE VOOR DE CLIËNT

De werkvorm bestaat uit twee verschillende oefeningen om je actief en weerbaar te maken en een derde ronde waarin je je frustratie over het hele loopbaangebeuren tegen elkaar kunt uiten.

We gaan ons zes minuten lijfelijk inspannen:

1. Eerst ga je je opdrukken: ga languit op je buik liggen en neem voldoende afstand van elkaar. Je strekt je armen, je lijf moet van de grond. Je steunt alleen op je handen en je tenen of op je knieën (precies twee minuten).

   Dan ga je staan. Je beweegt nu je benen alsof je hardloopt, je armen bewegen mee. Je blijft daarbij op je plaats staan (precies twee minuten).

   Sta even stil. Je springt nu zo hoog mogelijk en steeds als je omhoog gaat, roep je een stevige strijdkreet. Bijvoorbeeld: 'Boe!', 'Shit!', of 'Wauw!' (precies twee minuten).

2. Daarna ga je in groepjes van twee tegenover elkaar staan. De bedoeling is dat je op elkaar reageert alsof je het niet met elkaar eens bent. Persoon 1 herhaalt gedurende een minuut een korte, positieve tekst. Persoon 2 antwoordt steeds boos, hard, en negatief. De een zegt: 'ja', de ander 'nee' of 'ik eis' en de ander 'ik weiger'. De een zegt: 'Ik hou van je', de ander antwoordt 'Ik haat je.' De een zegt: 'Help me', de ander antwoordt: 'Barst maar.' Er zijn vier verschillende teksten (samen acht minuten), waarin elke persoon één minuut in de positieve rol en één minuut in de negatieve rol zit. De coach geeft aan wanneer van rol gewisseld wordt. Zo golven vraag en antwoord een minuut lang op en neer. Daarna wisselen jullie van rol. Je zult merken dat het op elkaar reageren gaat escaleren. Je schreeuwt steeds harder. Dat is ook de bedoeling.

3. Bespreek nu in groepjes van drie wat je zo dwars zit als je aan je toekomst denkt (drie minuten per persoon). Zo, dat lucht op.

4   RECEPTIE

Op een receptie maak je kennis met elkaar. Je wisselt informatie uit over een competentie waar je trots op bent.

VOOR WIE?
– studenten, volwassenen
– een kleine groep
– niveau: havo/vwo.

WANNEER?

– bij kennismakingsprocessen. Als er een dipje is in het groepsproces of ter afronding van een blok werkbegeleiding over competenties.
– wordt veel toegepast in groepen. De werkvorm werkt heel ontspannend en voor sommigen bevrijdend.

MOGELIJKE RESULTATEN VOOR DEELNEMERS
– Je laat duidelijk een eigenschap of vaardigheid zien waarin je goed bent.
– Je communiceert persoonlijk met elkaar.
– Je stelt elkaar vragen om elkaar goed te begrijpen.
– Je kunt ook in andere situaties deze open communicatieve houding toepassen.

DRAAIBOEK
– een instructie geven en de competentie noteren (10 minuten)
– receptie (30 minuten)
– nabespreken (10 minuten)
Totaal: 50 minuten.

INSTRUCTIE
Voorbereiding
– Zorg voor lege kaartjes (5 x 5 cm) met een veiligheidsspeld of plakrand. Er zijn evenveel kaartjes als personen.
– Zorg voor voldoende dunne stiften.
– Zorg voor een open ruimte waar de cliënten zich vrij kunnen bewegen. Daar zal de receptie plaatsvinden.

Uitvoering
– Leg uit dat je een gezellige werkvorm hebt over competenties.
– Deel de kaartjes uit en vertel de cliënten wat ze moeten doen (zie *Instructie voor de cliënt*).

- Leg uit wat competenties zijn en geef hier voorbeelden van. Geef de cliënt opdracht om het kaartje in te vullen met een competentie die voor hem erg typerend is en waar hij eigenlijk trots op is. Hij speldt het kaartje op. Het doel is een persoonlijke kennismaking. De cliënten lopen op de receptie rond en stellen zich aan elkaar voor. Geef de cliënten de opdracht om elkaar vragen te stellen over de opgespelde competentie. De receptie duurt een halfuur.
- Geef de cliënten de opdracht om regelmatig te wisselen en zo veel mogelijk andere cliënten te spreken.

Aandachtspunten en tips

Er zijn altijd mensen die moeite hebben iets te noemen waar ze trots op zijn. Probeer hen ertoe te verleiden iets te noemen waar ze meer tevreden over zijn dan over hun andere kwaliteiten.

Nabespreking
- Vraag wat de cliënt verraste in deze oefening.
- Vraag naar de kwaliteit van de ontmoetingen op de receptie. Waren de vragen van de ander nuttig? Voelde je je gehoord?
- Zou je ook in een POP- of sollicitatiegesprek zo direct durven zeggen waar je goed in bent?

INSTRUCTIE VOOR DE CLIËNT

We doen zo meteen alsof we samen een receptie houden. Schrijf op een kaartje een kwaliteit of vaardigheid waar je trots op bent: een zogenaamde competentie. Het mag er maar één zijn. Probeer de competentie in een kernwoord te vangen. Schrijf liever geen hele zinnen op het kaartje. Speld het kaartje zichtbaar op.

Op de receptie, waar je nu naartoe gaat, ken je niemand. Iedereen op de receptie draagt zo'n naamkaartje met daarop een competentie. Stap op elkaar af en vraag elkaar waarom je juist die competentie hebt gekozen. Waar is de ander precies trots op? Ga daar (zo mogelijk) dieper op in. Als dat over en weer duidelijk is, stap je op een andere receptiegast af en stel je dezelfde vragen.

Probeer in een halfuur zo veel mogelijk mensen te leren kennen, maar spreek alleen met hen over die ene competentie. Geef zelf sprekende voorbeelden van je eigen competentie aan je receptiepartner.

5   LEEFTIJD

Je gaat met de groep op leeftijd staan en praat met elkaar over de betekenis van je leeftijd in relatie tot je werk.

VOOR WIE?
– volwassenen
– maximaal twaalf personen
– niveau: voor iedereen.

WANNEER?
– aan het begin van een training, voor bepaalde categorieën werknemers, bijvoorbeeld jongeren of juist 45-plussers
– wordt veel toegepast in trainingen voor 45-plussers. Schept direct een goede band en geeft een goed gesprek.

MOGELIJKE RESULTATEN VOOR DEELNEMERS
– Je doorbreekt stereotiepe opvattingen over de factor leeftijd.
– Je staat stil bij wat jouw leeftijd voor jouw persoonlijke werkbeleving en loopbaan betekent.

DRAAIBOEK
– werkvorm introduceren (5 minuten)
– op leeftijd gaan staan (5 minuten)
– checken of iedereen goed staat (5 minuten)
– tweemaal een gesprek over leeftijd en werk voeren in subgroepjes (twee keer 10 minuten, 20 minuten)
– nabespreken (5 minuten)
Totaal: 40 minuten.

INSTRUCTIE
Voorbereiding
Zorg voor een ruimte waarin de cliënten naast elkaar op leeftijd kunnen staan.

Uitvoering
– Leg in het begin niet uit wat de bedoeling is en geef de groep de opdracht om zo snel mogelijk op leeftijd te gaan staan. Zeg niet hoe ze dat moeten doen. Dat moeten ze zelf ontdekken.
– Vraag de cliënten daarna om in gesprek te gaan met de personen die (ongeveer) dezelfde

leeftijd hebben als hij en vraag hun ervaringen uit te wisselen over de beleving van hun leeftijd, in samenhang met hun werkbeleving (voordelen, nadelen, vooroordelen).

– Na maximaal tien minuten laat je de groepjes wisselen. Je maakt nu een groepje van jong en oud door elkaar heen. De groep gaat in groepjes van twee of drie opnieuw met elkaar in gesprek.

Aandachtspunten en tips
– Houd de tijd in de gaten.
– Splits de subgroepjes als die groter worden dan vier personen.

Nabespreking
Probeer de deelnemers aan het woord te krijgen. Vat goed samen wat de conclusies zijn over de factor leeftijd. Blijven er in relatie tot werk veel vooroordelen bestaan?

INSTRUCTIE VOOR DE CLIËNT
Mag ik jullie vragen om zo snel als je kunt op leeftijd te gaan staan? Je mag zelf weten hoe je dat doet. Ik zal je straks de bedoeling uitleggen.

Vorm nu met de mensen die dezelfde leeftijd hebben als jij, een groepje. Bijvoorbeeld de dertigers, de veertigers en de vijftigers bij elkaar. Samen bespreek je wat jouw leeftijd voor je betekent.

Na tien minuten volgt een tweede gesprek: zoek voor dit gesprek mensen die duidelijk ouder of duidelijk jonger zijn dan jij en voer hetzelfde gesprek.

VARIANTEN
Je kunt deze opdracht nog moeilijker maken door de groep te verplichten om *zonder te praten* op volgorde van leeftijd in een rij te gaan staan.

LOOPBAANYOGA

De verantwoordelijkheid voor je eigen leven en loopbaan is op belangrijke beslismomenten vaak een stressfactor. Te veel spanning remt je creativiteit wanneer je over je eigen toekomst nadenkt. Je goed kunnen ontspannen maakt de reflectie dieper en subtieler.

Een tweede reden om stil te staan bij 'ontspannen', is dat mensen vaak vooringenomen kijken naar kansen die zich voordoen. Ze zitten soms vast in een routine van vanzelfsprekendheden die ze niet los kunnen of durven laten, waardoor ze niet echt open kijken naar hun toekomstmogelijkheden. Door te ontspannen kun je routinematige gedachten, normen en waarden gemakkelijker loslaten. Zo wordt openstaan voor nieuwe gezichtspunten en kansen mogelijk.

De term *yoga* komt uit de hindoeïstische traditie. Daar gaat het erom geest, lichaam en gevoel in harmonie te brengen met het goddelijke zelf. Dit kan alleen door de discipline van concentratieoefeningen. Daarvoor zijn in de loop der eeuwen tal van oefentechnieken ontwikkeld.

Een loopbaanbesluit wint aan kwaliteit als de cliënt zich kan ontspannen en daardoor authentiek in kan gaan op wat zich in hem zelf en in de werkelijkheid waarin hij een plaats zoekt, voordoet. Als de cliënt zich niet laat afleiden door angstvisioenen en/of door de druk die anderen op hem uitoefenen, staat zijn geest open voor nieuwe ervaringen. ´Loopbaanyoga´ kan een goede voorbereiding zijn op een serieus gesprek over loopbaanzaken.

Bij deze ontspanningsoefeningen gaat het erom een staat van open aandacht te bereiken. Aandacht zonder oordeel. Door de oefening ontstaat ontspanning en wordt goed ruimte gegeven aan de gevoelens en gedachten van de cliënt.

Voor sommige cliënten is dit type oefeningen onbekend terrein. Zij kunnen zich daardoor onveilig voelen. Bij cliënten die gewend zijn alleen hun verstand te laten spreken, bestaat de kans dat de oefening te weinig effect heeft. Bij een cliënt die in een acute crisis verkeert, bestaat de kans dat dit type oefening juist zijn zelfbeheersing aantast. Het is daarom nodig dat je extra aandacht besteedt aan de introductie van deze oefeningen.

Het gaat om de volgende oefeningen:
- Spiegelbeeld
- De wandeling
- Op de plaats rust
- De boodschap
- Het woord.

6 SPIEGELBEELD

Een affirmatieoefening waarbij je negatieve gedachten doorbreekt door vriendelijke en tegelijk krachtige uitspraken over jezelf hardop uit te spreken.

VOOR WIE?
- studenten, volwassenen
- individueel
- niveau: havo/vwo.

WANNEER?
- bij negatieve (stress)beleving rond de loopbaan
- In de context van loopbaanbegeleiding is nog maar weinig ervaring met deze werkvorm
  opgedaan, maar bij coaching en psychotherapie bestaat al ruime ervaring met varianten
  van deze werkvorm.

MOGELIJKE RESULTATEN VOOR DEELNEMERS
- Je doorbreekt negatieve gedachten over jezelf.
- Je kunt door de toepassing van affirmaties ook op andere momenten negatieve gedachten
  doorbreken.
- Je ontdekt dat je ervoor kunt kiezen om negatieve gedachten in te ruilen voor positieve.

DRAAIBOEK
- werkvorm introduceren (2 minuten)
- het begrip *affirmatie* uitleggen (1 minuut)
- een ontspanningsoefening doen (indien nodig, 10 minuten)
- affirmaties voor de spiegel hardop uitspreken (5 minuten)
- affirmaties noteren (2 minuten).
Totaal: 20 minuten.

INSTRUCTIE
Voorbereiding
- Als we onze gedachten, ons zelfbeeld, gezondheid en eigenwaarde willen beïnvloeden,
  kunnen we affirmaties (bevestiging) gebruiken. Een affirmatie is niets anders dan posi-
  tieve zelfsuggestie.
- Zorg voor een spiegel! De cliënt kijkt in de spiegel en spreekt zichzelf bemoedigend toe.

Uitvoering
- Leg uit hoe de cliënt met behulp van affirmaties zijn onderbewustzijn kan beïnvloeden of
  'herprogrammeren'. Dat is de bedoeling van deze oefening.
- Geef de cliënt (indien nodig) vooraf een fysieke ontspanningsoefening (zie de werkvorm

Op de plaats rust in dit hoofdstuk).
– Vraag de cliënt om voor de spiegel te gaan staan of zitten, daarbij aandachtig en liefdevol naar zichzelf te kijken en hardop alleen maar positieve gedachten over zichzelf uit te spreken.
– Laat de cliënt bij deze oefening alleen en kom na tien minuten terug voor de nabespreking.

Aandachtspunten en tips
– De cliënt moet het nut van deze oefening inzien en bedenken dat hij met evenveel recht een aantal positieve gedachten over zichzelf kan communiceren als opmerkingen kan maken die hem door het slijk halen. Aan het laatste heeft niemand iets. Vooral bij negatieve en depressieve mensen doorbreek je zo het vaste patroon. De kunst is dat de cliënt zichzelf ook aardig leert vinden en dat probeert vast te houden.
– Doe deze oefening niet als de weerstand te groot is.

Nabespreking
Ga na of de oefening geslaagd is en hoe de cliënt de oefening heeft beleefd. Verzamel samen met de cliënt de belangrijkste positieve uitspraken en zet die op een post-it. Vraag de cliënt om dat briefje in zijn agenda of in zijn portemonnee te bewaren en tevoorschijn te halen als het nodig is.

INSTRUCTIE VOOR DE CLIËNT
Dit is een oefening om meer zelfvertrouwen op te bouwen. Als je eens een andere manier wilt gebruiken om je gedachten, je zelfbeeld, gezondheid en eigenwaarde te beïnvloeden, kun je de techniek van *affirmatie* gebruiken. Een affirmatie is niets anders dan positieve zelfsuggestie, die ervoor dient je onderbewustzijn te beïnvloeden en/of te 'herprogrammeren'.
Zo'n oefening gaat als volgt. Je gaat voor de spiegel staan (of je denkt je in dat je voor een spiegel staat). Je kijkt naar je spiegelbeeld en zegt bijvoorbeeld: 'Ik kan het, ik ben mooi, sterk en gezond, ik ben gelukkig, ik ben ongelofelijk aantrekkelijk, ik weet wat ik wil' et cetera.
Doe dat zo vriendelijk en liefdevol mogelijk. Vermijd daarbij negatieve gedachten over jezelf. Als die toch opkomen, laat ze dan gewoon weer los.
Formuleer pittige positieve uitspraken over jezelf en spreek die hardop uit, terwijl je naar jezelf kijkt. Formuleer al die uitspraken in de tegenwoordige tijd. Dit is jouw werkelijkheid van dit moment.
Het helpt als je echt meent wat je zegt en kunt voelen wat je zegt. Je gedachten veroorzaken bepaalde gevoelens. Als je erin slaagt je gedachten te veranderen, zullen ook je gevoelens veranderen.
Ik laat je nu tien minuten alleen met de spiegel. Daarna praten we verder.

7 DE WANDELING

Met een meditatieve wandeling maak je ruimte voor nieuwe gedachten.

VOOR WIE?
- studenten, volwassenen
- maximaal twaalf deelnemers
- niveau: voor iedereen.

WANNEER?
- als start van een loopbaansessie
- op tweedaagse trainingen vaak toegepast aan het begin van de tweede dag.

MOGELIJKE RESULTATEN VOOR DEELNEMERS
- Je leert al doende te genieten.
- Je laat je dagelijkse beslommeringen los.
- Je krijgt ruimte voor nieuwe gedachten die het loopbaanproces positief beïnvloeden.

DRAAIBOEK
- instructie geven (1 minuut)
- de wandeling maken (20 tot 50 minuten)
- nabespreken, gezamenlijk of in tweetallen (10 minuten)

Totaal: 30 tot 60 minuten.

INSTRUCTIE

Voorbereiding

De wandeling vindt, als het even kan, plaats in de vrije natuur, zonder afleiding van verkeer en mensen. Een parklandschap van een conferentieoord voldoet vaak prima. Tijdens de wandeling spreek je niet met elkaar. Deze opdracht betekent stille aandacht voor je eigen persoon en situatie.

Uitvoering
- Zet de horloges en andere klokken gelijk. Bepaal het parcours. Spreek af hoe lang je precies gaat lopen.
- Bespreek de meditatieve aandacht tijdens de wandeling. Je hebt als trainer de keuze om de aandacht te sturen naar bijvoorbeeld alleen geluid of alleen visuele prikkels of de aandacht vrij te laten dwalen.
- Vraag de deelnemers om alleen te lopen over het aangegeven traject.

Aandachtspunten en tips

Vertel de deelnemers ruim van tevoren dat ze schoenen moeten aantrekken of meenemen waarop ze prettig buiten kunnen wandelen.

Nabespreking

De nabespreking kun je goed plenair houden. Stel open vragen over hoe het is geweest. Vraag of er iemand is die iets over zijn wandelervaring wil vertellen. Bereid de nabespreking voor door de deelnemers te vragen iets op te schrijven over hun eigen wandeling. Daardoor vertellen mensen gemakkelijker over wat ze ervaren hebben.

INSTRUCTIE VOOR DE CLIËNT

We beginnen met een stiltewandeling. Je loopt alleen. Spreek niet met elkaar en vermijd ook non-verbaal contact. Geniet tijdens de wandeling van het buiten zijn. Kijk bewust om je heen. Heb aandacht voor wat je ziet, ruikt en hoort. Wees je bewust van je omgeving.

Als tijdens de wandeling gevoelens en gedachten in je opkomen, laat ze dan de vrije loop, maar blijf er niet in vastzitten. Ze komen op en verdwijnen weer. Beschouw ook je binnenwereld als een landschap waar je doorheen loopt.

De wandeling duurt precies 30 minuten (de trainer kan hier van afwijken). Daarna verzamelen we ons voor de nabespreking.

8 OP DE PLAATS RUST

Je doet een ontspanningsoefening die staande wordt uitgevoerd. Ademhaling en beweging verlopen gecoördineerd en je komt helemaal tot rust.

VOOR WIE?
- scholieren, studenten, volwassenen
- een groep van maximaal twaalf personen
- niveau: voor iedereen.

WANNEER?
- ter voorbereiding op een situatie waar de cliënt tegenop ziet of als je merkt dat hij gespannen is
- kan heel goed gebruikt worden bij sollicitatievoorbereiding.

MOGELIJKE RESULTATEN VOOR DEELNEMERS
- Je raakt spanning kwijt en komt tot rust.
- Je probeert de bereikte rust zo lang mogelijk vast te houden.

DRAAIBOEK
- werkvorm introduceren (2 minuten)
- werkvorm toepassen (6 minuten)
- nabespreken (2 minuten)

Totaal: 10 minuten.

INSTRUCTIE
Voorbereiding
Zorg dat je je in een ruimte bevindt met voldoende muren, zodat iedereen met gespreide armen tegen de muur kan staan.

Uitvoering
- Leg het doel van deze oefening uit: het is een ontspanningsoefening.
- Geef aan hoe de deelnemers zich het beste over de ruimte kunnen verspreiden.
- Begeleid de oefening met rustige stem, in een heel rustig tempo (zie de tekst bij *Instructie voor de cliënt*).

Aandachtspunten en tips
- Wanneer je de instructie geeft, spreek je langzaam en laat je pauzes vallen tussen de opdrachtzinnen.

- Observeer ondertussen of de cliënt zich voldoende ontspant. Zo niet, loop dan rustig naar hem toe en probeer of hij zijn ademhaling laat reguleren: adem zelf langzaam in en uit, zodat de cliënt zijn ademhaling kan aanpassen aan die van jou.

Nabespreking

Stel de cliënt open vragen over hoe hij de werkvorm beleefd heeft.

INSTRUCTIE VOOR DE CLIËNT

We gaan aan een korte ontspanningsoefening beginnen. Ga met je rug tegen de muur staan. Sluit je ogen. Voel hoe je hoofd, je schouders, en je billen de muur raken. Haal diep adem en adem volledig uit. Adem zo vijf keer langzaam en diep in, en adem uit. 1, 2, 3, 4, 5.

Bij de volgende inademing breng je je armen langzaam omhoog tot schouderhoogte. Je houdt ze daar twee tellen vast, net als je adem. Dan adem je langzaam uit en tegelijk met de adem breng je je armen omlaag.

We herhalen deze oefening vijftien keer. Open daarna je ogen weer en rek je eens lekker uit.

VARIANTEN

Deze oefening kun je in sommige situaties ook als huiswerk voor de cliënt opgeven, nadat je de oefening van tevoren even hebt voorgedaan. De cliënt kan deze oefening dan iedere dag doen.

9 DE BOODSCHAP

Een contemplatieopdracht, waarbij je nadenkt over een tekst met een boodschap. Je denkt na over zaken als verandering, bewustwording, een ander standpunt innemen.

VOOR WIE?
- volwassenen
- een groep van maximaal twaalf personen
- niveau: havo/vwo.

WANNEER?
- als start van een sessie of een gesprek, of als huiswerkopdracht om een bepaald onderwerp te bespreken
- iedere coach werkt wel eens met een opdracht die precies op maat moet zijn voor een groep of een cliënt.

MOGELIJKE RESULTATEN VOOR DEELNEMERS
- Je denkt na over de vraag waarom zaken die je in je leven bewust wilt veranderen, zo eindeloos moeilijk zijn.
- Je wordt je bewust van een aanpak die je verder kan helpen.
- Je leert naar je eigen loopbaanzaken te kijken vanuit een ander gezichtspunt.

DRAAIBOEK
- sfeer scheppen (5 minuten)
- tekst 1 (5 minuten) en tekst 2 (5 minuten) voorlezen
- stilte (5 minuten)
- nabespreken (5 minuten)

Totaal: maximaal 25 minuten.

INSTRUCTIE
Voorbereiding
- De tekst die je gebruikt, kopieer je van tevoren voor iedere cliënt. In het volgende werkblad staan twee teksten afgedrukt die je kunt gebruiken.
- Zorg dat de cliënten ieder op een rustige plaats zitten, zodat ze niet afgeleid kunnen worden door hun omgeving (een slaande klok, beweging).
- Lees het gedicht of de tekst voor jezelf goed van tevoren door, zodat je weet waar je de accenten en rustmomenten legt.

Uitvoering

– Timing is voor deze werkvorm erg belangrijk. Kies een moment dat past. Creëer een sfeer van onbevangen luisteren.
– Breng de deelnemers tot een ontspannen houding. Doe desnoods een korte ademhaling-oefening ter ontspanning (zie de vorige oefening).
– Deel het werkblad uit. Zeg dat je zo meteen een gedicht (of tekst) gaat voorlezen. Maak een keuze.
– Lees een van de twee teksten voor of kies voor de tekst die je als trainer zelf uitgekozen hebt voor deze gelegenheid.
– Vraag om vijf minuten stilte na het voorlezen.
– Geef de tekst na afloop mee naar huis.

Aandachtspunten en tips

Kies een tekst die past bij de situatie van je cliënt of groep. Zoek zo nodig zelf naar andere teksten die beter zullen voldoen.

De onbevangen rust is een voorwaarde om het resultaat optimaal te maken. Zorg er vooral voor dat het na het voorlezen nog vijf minuten doodstil blijft.

Nabespreking

Verbreek na vijf minuten rustig de stilte en vraag aan een cliënt wat hij als reactie kwijt wil. Laat de anderen aanvullingen maken. Probeer ook door te vragen op onderdelen van de tekst, de strekking van de tekst en in hoeverre die van toepassing is op hun eigen levens- en loopbaansituatie.

Werkblad – De boodschap

Voorbeeldtekst 1

Echt veranderen gaat niet snel
Ik loop door de straat.
Er is een diep gat tussen de stenen.
Ik val erin.
Ik ben verloren ... Ik ben radeloos.
Het is mijn schuld niet.
Het duurt eeuwig om een uitweg te vinden.

Ik loop door dezelfde straat.
Er is een diep gat tussen de stenen.   →

Ik doe alsof ik het niet zie.
Ik val er weer in.
Ik kan niet geloven dat ik op dezelfde plek ben.
Maar het is mijn schuld niet.
Het duurt nog lang voordat ik eruit ben.

Ik loop door dezelfde straat.
Er is een diep gat tussen de stenen
Ik zie dat het er is.
Ik val er weer in. Het is een gewoonte.
Mijn ogen zijn open.
Ik weet waar ik ben.
Het is mijn schuld.
Ik kom er direct uit.

Ik loop door dezelfde straat.
Er is een diep gat tussen de stenen.
Ik loop eromheen.

(lange pauze)

Ik loop door een andere straat.

Voorbeeldtekst 2

Prioriteiten stellen

Onze worsteling om prioriteiten te stellen zou je kunnen karakteriseren door het contrast tussen twee belangrijke instrumenten die ons richting geven: de klok en het kompas. De klok vertegenwoordigt onze verplichtingen, afspraken, schema's, doelstellingen en activiteiten: wat we met onze tijd doen, hoe we onze tijd managen, waar we ons toe verplichten. Het kompas vertegenwoordigt onze visie, waarden, principes, missie, richting en ons geweten: wat voor ons als belangrijk aanvoelt en hoe we ons leven leiden.

De sleutel voor de kwaliteit van het leven schuilt in ons innerlijk kompas en de keuzes die we dagelijks maken. Als we in de ruimte tussen stimulus en respons leren te pauzeren en leren ons innerlijk kompas te raadplegen, kunnen we alle veranderingen met gemak aan, in het volste vertrouwen dat we oprecht aan onze principes en doelstellingen vasthouden en onze prioriteiten op de eerste plaats stellen.

INSTRUCTIE VOOR DE CLIËNT

Ik lees je zo meteen een tekst/gedicht voor. Luister er ontspannen naar. Sluit tijdens de voordracht van de tekst eventueel je ogen als jou dat helpt om je op de tekst te concentreren. Kijk wat de tekst jou in jouw situatie te zeggen heeft. Neem na de voordracht nog vijf minuten de tijd om de tekst in verband te brengen met je eigen leven en loopbaan. Blijf in dezelfde houding zitten, zonder met elkaar te spreken tot ik een teken geef. Als je vindt dat het belangrijk is, schrijf dan iets op over je gedachten naar aanleiding van de tekst.

VARIANTEN

Je kunt de individuele cliënten als huiswerk ook de opdracht geven om een tekst te zoeken die ze op hun eigen situatie vinden slaan. Je kunt deze teksten de volgende keer bespreken.

10 HET WOORD

Een *mantrameditatie-oefening* waarbij een aantal klanken steeds herhaald wordt, waardoor rust in je hoofd ontstaat.

VOOR WIE?
– studenten, volwassenen
– een groep van maximaal twaalf personen
– niveau: voor iedereen.

WANNEER?
– om helemaal tot jezelf te komen, je één te voelen met jezelf
– in meditatiegroepen wordt deze techniek al eeuwen toegepast.

MOGELIJKE RESULTATEN VOOR DEELNEMERS
– Je gedachtestroom komt tot rust. De hectiek van de dag laat je achter je.
– Je kunt je leegmaken en één worden met het object van je meditatie.

DRAAIBOEK
– de werkvorm introduceren (3 minuten)
– een mantra kiezen (5 minuten)
– ontspannen worden (2 minuten)
– mantramediteren (maximaal 20 minuten)
– nabespreken (10 minuten).
Totaal: 20 tot 45 minuten.

INSTRUCTIE
Voorbereiding
Mantrameditaties zijn meditaties waarin de herhaling van een geluid, woord, zin of affirmatie je meditatieobject of de focus voor je gedachten is. We zeggen de mantra hardop of herhalen de mantra in onze gedachten. Mantrameditaties helpen je vooral om je gedachtestroom tot rust te brengen.
Werk in een prikkelarme omgeving, waar iedereen op de grond kan zitten (in kleermakerszit). Op een stoel zitten mag ook (met je benen naast elkaar en je armen langs je lichaam).

Uitvoering
– Bereid de cliënten goed voor op het doel van deze oefening.
– Leg uit wat een mantra is en waarom en hoe die worden gebruikt (zie voorbereiding).
– Zorg dat iedereen gemakkelijk zit, in een ontspannen houding.

- Laat de cliënten een paar keer diep in- en uitademen.
- Als je je cliënten zelf een mantra wilt laten zoeken, raad hun dan aan in het begin een woord met een of twee lettergrepen te kiezen. Na verloop van tijd kunnen ze de mantra uitbreiden naar meer woorden of een zin. Kiezen ze voor een positieve affirmatie, dan is het belangrijk om een affirmatie in de tegenwoordige tijd te kiezen. 'Ik ben gezond' is beter en krachtiger dan 'ik wil gezond worden'. Voorbeelden van mantra's zijn klanken als: *ohm*, *hum*, *aum*, maar ook woorden als 'rust', 'gezond', 'harmonie', 'vrede' of zinnen als 'ik accepteer mezelf', 'ik vergeef mezelf', 'alles is goed'.
- Geef het startsein en houd de tijd in de gaten.
- Breng de groep terug in het hier en nu.

Aandachtspunten en tips

- Geef deze oefening alleen als je zelf affiniteit hebt met deze wijze van werken. Heb je geen ervaring met meditatie? Probeer dan van tevoren zelf een aantal keren te mediteren. De manier waarop de meditatie verloopt, kun je bij *Instructie voor de cliënt* checken.
- Zorg dat je zelf volledig ontspannen bent voor je aan de oefening begint.
- Een meditatie is een optimale voorbereiding voor een goed loopbaangesprek. Wordt het mediteren niet geaccepteerd om welke reden dan ook, forceer het dan niet en kom er eventueel een volgende keer op terug.
- Stop de oefening als je merkt dat een deel van de cliënten onrustig en ongeconcentreerd raakt. Bespreek de oefening na en probeer het een volgende keer opnieuw.
- Als je met een groep werkt, is niet iedere cliënt op hetzelfde moment klaar met de meditatie. Vraag hem om rustig te blijven zitten tot jij het sein 'stoppen' geeft.
- Spreek met je cliënten af waar en wanneer en hoe vaak ze deze meditatie herhalen. Nodig je cliënten uit om een meditatielogboekje bij te houden, waarin zij hun ervaringen na de meditatie kunnen noteren.

Nabespreking

De oefening kan voor iedere cliënt anders uitpakken. Vraag mensen om ervaringen te delen en hun keuze van mantra aan elkaar toe te lichten. Neem de tijd om ieder zijn bevindingen weer te laten geven. Geef aan dat je meestal niet in één klap kunt mediteren. Stimuleer de mensen die dat willen, deze oefening één of twee keer per dag thuis te herhalen.

INSTRUCTIE VOOR DE CLIËNT

We doen vandaag een meditatieoefening, waarin je leert om een mantra te gebruiken om rust te vinden in jezelf. Een mantra is een klank die je voor jezelf uitspreekt en die je steeds rustig en vol aandacht in jezelf herhaalt. Het mag een woord zijn dat je zelf kiest, een woord waar je je aan vast kunt houden, zoals 'rust', 'harmonie', 'leven', 'zachtheid' of een betekenisloze klank als *aum* of *ohm*. Het mag ook een korte zin zijn, bijvoorbeeld: 'Alles is goed.' Je kunt ook zelf een woord of klank kiezen, als dat beter voelt.

Ga in ontspannen houding zitten (op een stoel of op de grond), sluit je ogen en kom tot rust. Word je bewust van elke inademing en uitademing. Laat je ademhaling gaan en probeer deze niet te sturen. Neem waar hoe de lucht langzaam door je neus naar binnen gaat, je longen vult en weer naar buiten gaat. Als je na een paar ademhalingen je lekker op je gemak voelt, begin je met het uitspreken van de mantra. Begin langzaam je mantra te fluisteren ... Concentreer je aandacht op je mantra en stop met fluisteren en denk alleen aan je mantra. Het maakt niet uit op welke manier en in welk tempo je aan je mantra denkt ... laat het gebeuren. Misschien verbeeld je je dat je je mantra in je gedachten hoort of visualiseer je je mantra in je geest. Als je aan iets anders dan je mantra gaat denken of iets anders dan je mantra gaat voelen, neem dat dan gewoon waar en keer rustig terug naar je mantra. Laat jezelf helemaal een worden met je mantra. Als je mantra steeds vager in je gedachten gaat klinken of van tempo verandert, dan is dat prima. Als je plotseling tintelingen in je lichaam waarneemt of ontspanningsreacties in je spieren, dan is dat heerlijk ... neem ze waar en ga terug naar je mantra.

Heel simpel, effectief en lekker! Hoe vaker je het doet, hoe langer je bij je mantra zult blijven. Eerst lukt het maar een paar seconden, dan tien, twintig of een halve minuut. Het is dus helemaal niet gek dat je in het begin maar een paar seconden je aandacht bij je mantra kunt houden. Ga vooral door, ook als het niet zo lekker gaat. Reken er maar op dat je je meestal lekkerder en ontspannen voelt na de oefening en dat op de lange termijn de voordelen vanzelf komen. Realiseer je dat meditatie niet direct resultaat geeft. De maximale tijd voor de meditatie is twintig minuten. Als je eerder klaar bent, wacht dan even met in actie komen tot de anderen ook klaar zijn.

Ik geef het sein om te stoppen.

DROOMWERELDEN

Ons denken heeft meer kanten dan logicaregels toepassen bij redeneringen. Mensen maken gebruik van hun geheugen. Ze nemen waar. Ze verwerken informatie die hen op allerlei manieren kan bereiken, zowel verbaal als non-verbaal. Ze maken zich een voorstelling van iets om de waarde ervan te ontdekken. Bij al deze activiteiten is er sprake van bewust bedoelde denkacties. Je denkbereik is veel groter dan je je bewust bent. Veel van het geheugen wordt niet eens geactiveerd. Veel van wat jij waarneemt, registreer je niet bewust. Je dagdromen en fantasieën gaan als wolken voorbij, zonder dat je ze bewust opmerkt.

Je kunt je bewuste denken uitbreiden door ook de onbewuste, sluimerende kennis aan te spreken. Visualisatie is een methode om deze kennis te mobiliseren. Het is een methode om in contact te komen met voorstellingen die anders niet in je op zouden komen. Het is een techniek waarmee je wat onbewust aan voorstellingen in je geest aanwezig is, naar voren kunt halen en tegen het licht houden om er iets van te leren. Bij visualisatie hoef je niet direct aan lichtbeelden te denken of aan plaatjes die aan je geestesoog voorbij gaan, maar aan je fantasie, aan iets zo levendig mogelijk voorstellen. Visualisatieoefeningen werken vaak grensverleggend en kunnen een nieuw zicht bieden op de werkelijkheid. Loopbaanplannen uitdenken betekent: denken over iets wat nog niet bestaat, namelijk de toekomst. Dat kan alleen via je verbeelding. In feite creëer je een idee over je toekomst vanuit je intuïtie over jezelf en de wereld om je heen.

Om visualisatie te laten slagen voor je cliënt, is het belangrijk dat hij zich ontspant en dat hij vol vertrouwen aan de opdracht begint. Dit kan alleen als de oefening plaatsvindt in een rustige omgeving, waar hij niet wordt gestoord.

In dit hoofdstuk komen de volgende werkvormen aan bod:
- De film van je toekomst
- De bergwandeling
- Afscheidsrede
- Werken met metaforen
- Droombaan.

11   DE FILM VAN JE TOEKOMST

Wanneer je je toekomst visualiseert, opent dat nieuwe perspectieven.

VOOR WIE?
- studenten, volwassenen
- een groep van maximaal twaalf personen
- niveau: havo/vwo.

WANNEER?

- om te brainstormen over je eigen toekomst, maar ook als startpunt van een loopbaanproces
- deze werkvorm wordt veel toegepast, vooral in groepen.

MOGELIJKE RESULTATEN VOOR DEELNEMERS
- Je focust op wat je echt wilt op alle levensterreinen. En dat zonder bedenkingen.
- Je probeert een deel van je toekomstfilm vast te houden en concreter te maken.

DRAAIBOEK
- voorbereiden (15 minuten)
- instructie vooraf geven (5 minuten)
- zelfwerkzaamheid met instructie (maximaal 30 minuten)
- ervaringen opschrijven (10 minuten)
- ervaringen bespreken in drietallen (30 minuten)
- nabespreken (30 minuten).

Totaal: ongeveer 120 minuten.

INSTRUCTIE

Voorbereiding
- Zorg voor een rustige, prikkelarme ruimte.
- Lees zelf de visualisatie van tevoren goed door en zorg voor een goede timing (zie *Instructie voor de cliënt*).
- Zorg voor een werkblad voor iedere cliënt.

Uitvoering
- Leg kort uit wat de bedoeling is van een visualisatie (zie *Instructie voor de cliënt*).
- Hoewel je de instructie voor deze werkvorm gemakkelijk kunt vertellen, is het goed om de cliënt de instructie op papier (zie werkblad) te geven. Laat de cliënt deze eerst lezen en vraag daarna of alles duidelijk is. Vat even samen wat de bedoeling is.

- Vraag met nadruk of de cliënt de werkvorm ziet zitten en of hij het belang ervan onderkent. Geef de werktijd aan en benadruk dat de cliënt alles opschrijft, zonder kritiek op zichzelf. Laat hem zelf kiezen hoeveel jaar hij vooruit wil denken.
- Geef de instructie in je eigen woorden, op een rustgevende toon. Eventueel lees je de tekst van het werkblad voor.
- Haal de cliënt vervolgens uit de visualisatie terug en geef de volgende opdracht: geef een antwoord op de vragen die je onder punt 4 op het werkblad ziet staan.

Aandachtspunten en tips
Waarde toekennen aan dromen en fantasie gaat sommige cliënten een stap te ver. Goede uitleg helpt. Als de meerderheid van de groep de visualisatie wel wil uitvoeren, doe deze oefening dan wel. Laat de anderen zonder zich ermee te bemoeien toekijken. Dat is leerzaam, juist voor deze groep.

Nabespreking
- Zorg voor vragen die erop aansluiten en vraag steeds op deelonderwerpen door. Voorbeeldvragen: hoe heb je je ontwikkeld als persoon? Hoe vind je dat het leven je behandeld heeft? Wat zijn de positieve conclusies?
- Vraag van welke onderwerpen de cliënt echt werk wil maken. Vraag wat deze fantasie betekent voor zijn stappen op korte termijn.
- Als je met een grotere groep werkt, is het belangrijk dat de cliënten na de algemene nabespreking even de tijd krijgen om de onderwerpen voor je op te schrijven die ze in een volgende bijeenkomst aan de orde willen stellen.
- Vraag degenen die niet meegedaan hebben naar hun ervaringen.

Werkblad – De film van je toekomst

1. Wat is een visualisatie?
Vandaag doen we samen een visualisatieoefening. Door middel van deze oefening proberen we in de toekomst te kijken en daar een zo positief mogelijk beeld van te krijgen. Volgens vele succesvolle mensen, zoals Louise Hay, Willem de Ridder of Deepak Chopra, kunnen we geluk afdwingen en onze dromen realiseren. Zo kunnen we bijvoorbeeld onze gezondheid of prestaties stimuleren. Je kunt zelfs zaken die je op het eerste gezicht zelf niet kunt beïnvloeden, naar je hand zetten. Zo'n oefening noemen we een visualisatie.
In deze werkvorm visualiseren we dat onze droom is uitgekomen. Je kunt allerlei onderwerpen kiezen voor je visualisatie, zoals je gezin, je liefdesleven, je gezondheid, je toekomst, je kinderen.

→

Er is één belangrijke voorwaarde: je moet geloven dat overal waar je energie in stopt, groei ontstaat. Doe net of je droom al werkelijkheid is. Ga ervan uit dat alles goed komt. Laat daar alle energie naartoe gaan. Laat je vooroordelen varen. Probeer het gewoon, je hebt niets te verliezen. Geef je energie geen twijfels mee. Alles is goed en waardevol. Iedere associatie moet een kans krijgen.

2. Hoe kom je tot een goede visualisatie?

Bij een visualisatie is het belangrijk om zo veel mogelijk gewaarwordingen van zien, voelen, ruiken en proeven te beleven. Denk aan de details van de omgeving: Waar ben je in je fantasie? Zie je strand, golven, bomen, ben je op je kamer, in de bergen, is er zon, wind? Ervaar je fysieke reacties, de reacties van je collega's en andere betrokkenen. Waar hebben ze het over? Jij bent voor hen van belang. En stel je voor wie je over vijf of tien jaar bent als je droom is uitgekomen. Bekijk de beelden vanuit meer invalshoeken. Zeg bemoedigende, vriendelijke dingen tegen jezelf, want je dromen zijn uitgekomen. Als er twijfels of tegenstrijdige gedachten opkomen, verzet je er dan niet tegen en laat ze rustig aan je voorbijgaan. Bij elke vorm van verzet geven we onze twijfels weer energie en dat is het laatste wat we willen. Oordeel en veroordeel niet.

3. De visualisatie

Zoek een rustige plek, ga liggen of zitten, wat je wilt. Adem rustig in en uit. Ontspan je. Je gaat je toekomst oproepen: Stel je voor dat je terugkomt van een ruimtereis. De tijd heeft niet stilgestaan en je leven op aarde is ondertussen gewoon verder gegaan. Je bent nu vijf (of tien) jaar ouder. Je kijkt naar jezelf en wat er van je is geworden en je bent vooral echt tevreden over je keuzes en over hoe je leven gelopen is. Je hebt op alle fronten succes behaald en voelt je gelukkig met jezelf.

Je laat de voorstelling tot leven komen en bestudeert je nieuwe leven: je ziet jezelf vijf (of tien) jaar later.

Hoe zie je eruit? Wat voor kleren draag je?

Hoe ziet je omgeving eruit?

Hoe voel je je lichamelijk?

Hoe voel je je mentaal?

Wie zijn er in je omgeving? De mensen om je heen zijn blij dat je terug bent.

Wat ruik je, voel je, hoor en zie je?

Wat maakt je leven tot nu toe zo de moeite waard?

Wat voor werk doe je? Wat heb je allemaal bereikt?

Wat is je grootste prestatie?

Hoe ben je te werk gegaan om dit succes tot stand te brengen?

Wat zou je vanuit die toekomst tegen je jongere zelf willen zeggen over zijn situatie?   →

4. Blijf bij je gevoel en maak aantekeningen.

Je bent net thuisgekomen van je fantasieruimtereis. Schrijf kort op hoe je je tijdens die reis hebt gevoeld.

Hoe zag je er toen uit? Hoe was je er toen mentaal en lichamelijk aan toe?

Welke mensen en situaties waren in deze droomreis aanwezig?

Wat deed je in je visualisatie voor werk, had je wat bereikt, gepresteerd?

Hoe kreeg je dat in je fantasie allemaal voor elkaar?

Nu je terug bent in de realiteit, zijn er misschien dingen die tijdens je ruimtereis zo de moeite waard waren, dat je ze wilt vasthouden omdat ze voor jouw denken en doen nu de moeite waard zijn?

Wat heb je geleerd van deze visualisatie en wat wil je nu gaan gebruiken?

5   Bespreek in drietallen elkaars dromen en vraag steeds aan elkaar wat je nu al kunt doen om deze droom dichterbij de werkelijkheid te brengen.

INSTRUCTIE VOOR DE CLIËNT

– Lees het werkblad door en kijk of je de opdracht begrijpt.
– Volg daarna de aanwijzingen van de trainer.
– Neem pen en papier mee om aantekeningen te maken.
– Als je in subgroepjes gaat werken, spreek dan zo open en direct mogelijk met elkaar en vraag goed door op wat de ander bedoelt.

VARIANTEN

– Je kunt de opdracht ook individueel laten uitvoeren.
– De cliënt kan zijn visualisatie ook direct inspreken op een voicerecorder, die je samen kunt afluisteren en bespreken.

12 DE BERGWANDELING

Je visualiseert een reis vanuit het dal van het heden over de bergen naar de toekomst aan de andere kant van de berg. De reis brengt gevoelens en gedachten over je loopbaan en beroep dichter bij elkaar.

VOOR WIE?
– studenten, volwassenen
– een groep van maximaal twaalf personen
– niveau: havo/vwo.

WANNEER?
– als de cliënt verdieping wil bereiken in het nadenken over zijn toekomst
– deze werkvorm is geschikt als start van de ochtendsessie van bijvoorbeeld de tweede trainingsdag.

MOGELIJKE RESULTATEN VOOR DEELNEMERS
– Je komt in contact met je gevoelsbeleving.
– Je staat expliciet stil bij je halfbewuste gevoelens over je loopbaan en de ideeën die de gevoelens oproepen.

DRAAIBOEK
– de cliënt voorbereiden op de oefening, en doelen en werkwijze aangeven (15 minuten)
– een cd opzetten of zelf het verhaal voorlezen en luisteren (20 minuten)
– gedachten en indrukken op papier laten zetten (15 minuten)
– de oefening nabespreken (30 minuten).
Totaal: 60 tot 90 minuten.

INSTRUCTIE
Voorbereiding
– Zorg dat je de tekst van tevoren op een cd hebt staan. Je kunt ook iemand anders met een rustige microfoonstem vragen de tekst in te spreken.
– Als je liever zelf het verhaal vertelt, doe het dan echt heel langzaam! Las duidelijke stiltes in als denkpauzes voor de cliënt. Om zeker te zijn van je zaak, oefen je de visualisatie van tevoren met een paar huisgenoten.

Uitvoering
– Leg uit dat de bedoeling van deze visualisatie is: verdieping van het denken om dichter bij je gevoelens en gedachten over je toekomst te komen.

- Wacht met de start van het verhaal totdat iedereen rustig in een ontspannen houding zit of ligt, en een afwachtende stilte is ontstaan.
- Doe met de groep eerst lichte ontspanningsoefeningen, bijvoorbeeld voeten, handen en gezicht aanspannen en ontspannen. Daarna geef je een korte ademhalingsoefening. Dat schept een goede basis voor ontspannen luisteren en visualiseren. Lees je verhaal voor of zet de cd op.
- Als het verhaal klaar is, geef de mensen dan even de tijd om elkaar aan te kijken en zich uit te rekken en te wennen aan het hier en nu. Daarna geef je opdracht om eventueel aantekeningen te maken over de ideeën, gevoelens en gedachten tijdens de bergwandeling.

Aandachtspunten en tips

Cliënten die echt moeite hebben met deze werkvorm, luisteren in stilte mee zonder de anderen te storen.

Nabespreking
- Laat iedereen zelf met zijn verhaal komen. Analyseer het niet, maar vat het wel kernachtig samen. Vraag steeds: zijn er nog anderen die een gelijksoortige ervaring of misschien wel een heel andere ervaring hadden? Vraag ook of er mensen bij waren die niet mee konden gaan in het verhaal en misschien weerstand voelden. Geef ook hun positieve ruimte.
- De cliënt selecteert opgeschreven indrukken en gedachten op aanknopingspunten voor zijn loopbaan, die hij wil bespreken in een volgende bijeenkomst.
- Vraag ook degenen die niet meegedaan hebben naar hun ervaring.

Werkblad – De bergwandeling

Je wandelt in het dal van het heden.
In de verte zie je de berg waar je overheen moet op weg naar de toekomst.
Neem even de tijd om bij jezelf na te gaan hoe het is om daar te lopen, in het dal van het heden. Hoe voel je je?
Welke gedachten spelen door je hoofd?
Wat zou je eigenlijk willen?
Wil je hier snel weg of wil je het liefste blijven waar je bent?
Wat wil je uit het dal van het heden meenemen naar de toekomst?

Je wandelt nu bergopwaarts. Het gaat echt niet snel, want de weg is steil.
Als je de bocht omgaat, zie je een ridder midden op het pad staan. Je loopt op hem af en knielt voor hem neer. →

De ridder zegt: 'Kies een wapen om je te beschermen tegen de ontberingen die je nog te wachten staan en vervolg je tocht als ridder.'

Neem even de tijd om te beslissen welk wapen je kiest. Het wapen kan alleen maar een eigenschap van jezelf zijn die je kan redden in moeilijke situaties.

Je bent nu een ridder.

Je loopt verder en verder.

Net als je denkt: ik zou eigenlijk even moeten rusten, kom je bij een klein huisje uit.

Je klopt aan en de stem van een oude vrouw roept je naar binnen. Een vriendelijk vrouwtje met rode appelwangen kijkt je aan en geeft je wat te drinken en te eten.

Als je klaar bent met eten, mag je uit drie dozen een doosje kiezen. Jij kiest voor het rode doosje. Als je het doosje openmaakt, vind je er een boodschap in die alleen voor jou is bestemd.

Wat staat er op het briefje in het rode doosje? Hoe luidt de boodschap die alleen voor jou is bestemd?

Neem even de tijd om stil te staan bij die boodschap en de betekenis ervan voor je tocht op weg naar de toekomst. Je formuleert voor jezelf de boodschap die alleen voor jouw toekomst betekenis heeft.

Je vervolgt je tocht en komt boven op de berg aan.

Nu kun je van bovenaf in het dal van de toekomst kijken. Zie je al wat? Wat valt je op? Hoe voelt het om zo uit te kijken over het dal van je toekomst? Wil je snel naar beneden afdalen om het dal in te gaan of aarzel je? Wat houdt je tegen? Wat stuwt je naar beneden?

Je daalt snel en zonder aarzelen naar beneden en betreedt het land van de toekomst.

Je voelt je blij en verrast. Dit is precies wat je wilt. Sta daar nu bij stil. Je voelt je thuis in het dal van toekomst. Wat betekent dat eigenlijk voor jou?

INSTRUCTIE VOOR DE CLIËNT

Ga zitten met een rechte, ontspannen rug, je voeten stevig op de vloer, de handen los in je schoot. Als je wilt, doe je je ogen dicht en anders richt je je ogen op een vast, neutraal punt op de vloer.

We doen eerst een paar ontspanningsoefeningen: ontspan je handen vijf keer en span ze weer aan, doe hetzelfde met je voeten. Adem diep in, houd de adem even vast.. en adem weer uit, ook vijf keer.

Wees je bewust van wat je gaat ervaren aan gedachten, gevoelens en aan gewaarwordingen in je lichaam. Neem alles waar, maar laat alles ook weer direct los. Als je dat wilt, kun je nu je ogen sluiten. Als ik je zo meteen meevoer op de bergwandeling, stel ik je af en toe een vraag. Geef daar in gedachten het antwoord op dat in je opkomt (zie de tekst van het werkblad).

Open nu je ogen en kijk om je heen. Kijk naar je collega's, rek je uit. Pak nu een schrijfblokje en maak wat aantekeningen over wat je op deze tocht hebt meegemaakt.

13   AFSCHEIDSREDE

Je verduidelijkt je waarden en kwaliteiten in een zelfgeschreven toespraak.

VOOR WIE?
- volwassenen
- een groep van maximaal vijftien personen
- niveau: hbo/wo.

WANNEER?
- om te ontdekken waar iemand voor staat
- je staat expliciet stil bij je halfbewuste wensen over je loopbaan en de waarden waar je echt achter staat en de ambities die je hebt.

MOGELIJKE RESULTATEN VOOR DEELNEMERS
- Je geeft aan waar je voor wilt staan.
- Je geeft aan wat je waarden zijn.
- Je beschrijft wat je dromen zijn en wat je zou willen bereiken.
- Je etaleert wat je zelf ziet als jouw kwaliteiten.

DRAAIBOEK
- een groepsindeling maken (2 minuten)
- de instructie op papier uitdelen (zie werkblad) en toelichten (5 minuten)
- de groep individueel laten werken aan de redevoering (50 minuten)
- in groepen van vijf ieder zijn redevoering laten voorlezen en nabespreken (vijf keer 10 minuten)
- plenaire nabespreking (13 minuten).
Totaal: 120 minuten (met een groep).

INSTRUCTIE
Voorbereiding
Druk van tevoren voor iedere cliënt een exemplaar van het werkblad af.

Uitvoering
- Neem de tijd om de werkvorm uit te leggen. Geef het doel aan en maak het belang zichtbaar door een voorbeeld.
- Geef de opdracht om een redevoering te schrijven.
- Blijf tijdens de zelfwerkzaamheid aanwezig voor klachten en vragen.
- De nabespreking in groepsverband van iedere 'spreker' is cruciaal.

- Train de groepsleden om de juiste vragen te stellen of opmerkingen te maken (zie de vragen op het werkblad).
- Let goed op de tijdsplanning van de groepsnabespreking! Iedereen moet aan bod komen en de volle aandacht krijgen.

Aandachtspunten en tips

Zie erop toe dat iedere spreker tijdens de bespreking in de subgroepjes voldoende aandacht krijgt en er geen stekelige situaties ontstaan. Alleen vragen die leiden tot meer support en bijval van de spreker, kunnen bijdragen aan het versterken van het zelfbeeld.

Nabespreking

- Vraag naar de waarde van deze opdracht voor ieder persoonlijk. Laat de cliënten aangeven in hoeverre hun collega (de persoon die de toespraak geschreven heeft) nu al beantwoordt aan het beeld dat hij heeft geschetst in de toespraak.
- Besteed aandacht aan de incidenten die eventueel hebben plaatsgevonden tijdens de nabespreking in de subgroepen.

Werkblad – Toespraak bij mijn afscheid

Stel dat je met pensioen gaat. Een van je collega's met wie je al jaren bevriend bent – die jou dan ook van binnen en van buiten kent en je al die tijd heeft gevolgd in je loopbaan – houdt een toespraak voor je afscheid. Hij benadrukt vooral je successen, je kwaliteiten en je waarde voor de organisatie en voor collega's. Hij beschrijft wat jouw dromen zijn en wat jij wilt bereiken. Hij weet je feilloos te typeren en geeft heel goed aan waar jij voor staat.

Doe alsof jij die collega bent en schrijf voor jezelf de toespraak volledig uit, die je goed bevriende collega zou houden. Doe dit letterlijk en werk bovenstaande punten zorgvuldig uit.

Lees je toespraak straks voor in je eigen groepje, nadat iedereen zijn toespraak heeft uitgeschreven. Als je klaar bent met voorlezen, ga je in op de reacties en vragen van je groepsgenoten. De anderen stellen je vragen, zoals:
- Wat vind je het belangrijkste wat je collega over je zegt?
- Wat mist je collega het meeste nu je weg gaat?
- Waar sta jij eigenlijk voor in je werk?
- Wat typeert jou?
- Wat wil je vasthouden als kompas voor je toekomstplannen?

INSTRUCTIE VOOR DE CLIËNT

Jullie krijgen vandaag een pittige opdracht: je gaat een afscheidsspeech schrijven. Stel je voor dat je na zoveel jaar afscheid neemt van je werk en je dierbaarste collega, die je beschouwt als een goede vriend. Hij houdt bij die gelegenheid voor jou een afscheidsspeech. Wat zou jij willen dat je collega over jou zegt bij een dergelijke gelegenheid?

Ik geef jullie dit werkblad, waarop nog eens kort staat uitgelegd wat de bedoeling is. Lees de eerste twee alinea's door en kijk of je daar nog vragen over hebt. Let wel: je schrijft een toespraak. Doe dan ook net alsof je voor een groep een tekst maakt die je zo voor zou kunnen lezen, compleet met anekdotes.

Je krijgt vijftig minuten om aan je eigen afscheidsspeech te werken. Ik deel jullie vast in in groepjes van vijf personen in verband met de nabespreking die jullie met elkaar gaan houden. Als je de speech klaar hebt, ga je met je groepje bij elkaar zitten en krijg je nog eens vijftig minuten om de verhalen van elkaar aan te horen en te bespreken. Dat kun je doen met de vragen die in de derde alinea van je werkblad staan. Ieder groepslid komt tien minuten aan het woord. Je leest eerst je toespraak voor. De anderen reageren en proberen jouw waarde als persoon indringend neer te zetten. Stel zelf ook vragen die niet op het werkblad staan.

VARIANTEN

Als je met individuele cliënten werkt, geef je deze opdracht als huiswerkopdracht mee. De cliënt kan het resultaat meebrengen voor het vervolggesprek, waarin je samen de toespraak kunt analyseren.

14 WERKEN MET METAFOREN

Je doorbreekt standaardpatronen door metaforen te gebruiken.

VOOR WIE?
– studenten, volwassenen
– individueel
– niveau: hbo/wo.

WANNEER?
– om een impasse in het denken te doorbreken als de cliënt in herhaling valt
– wordt vooral met succes toegepast bij studenten.

MOGELIJKE RESULTATEN VOOR DEELNEMERS
– Je maakt je los van een standaardpatroon van denken over je loopbaanproblemen.
– Je neemt een andere positie in ten aanzien van jezelf en je loopbaan.

DRAAIBOEK
– het doel van de werkvorm aangeven (2 minuten)
– uitleggen wat een metafoor is met behulp van het werkblad (2 minuten)
– de cliënt de instructie geven (15 minuten)
– het loopbaanverhaal vertellen en opnemen (45 minuten)
– het verhaal bespreken (30 minuten).
Totaal: 90 minuten.

INSTRUCTIE
Voorbereiding
Zorg voor een print van het volgende werkblad.

Uitvoering
– Geef aan waarom je juist nu deze werkvorm wilt inlassen (zie *Instructie voor de cliënt*).
– Leg met een voorbeeld uit hoe het werkt als je een metafoor gebruikt om je eigen situatie te verkennen en beter te begrijpen. Deel het *Werkblad Werken met metaforen* uit en bespreek het.
– Zet de voicerecorder aan om het hele verhaal op te nemen.
– Vraag de cliënt aan de hand van het werkblad de metaforen voor te lezen. Vraag de cliënt om naar aanleiding van je vragen door te denken over zijn loopbaansituatie vanuit de metafoor die aan de orde is. Luister samen naar de opname van de voicerecorder en zet hem stil als je daarover iets wilt zeggen.

– Gebruik de opgenomen antwoorden als uitgangspunt om de cliënt zijn eigen kijk op zijn toekomstige loopbaan te verduidelijken

Aandachtspunten en tips

Neem het gesprek over de metaforen op met de voicerecorder. Luister daarna samen de opname af en trek conclusies. Laat de cliënt zelf benoemen wat hij leert van deze oefening en of er zaken uitspringen die hij vast wil houden. De cruciale vraag is of de cliënt nu anders kijkt naar zijn eigen situatie en andere oplossingswegen ziet.

Nabespreking

Deze werkvorm heeft een sterk evaluatief karakter. De vraag is wat de metaforenoefening toevoegt aan inzichten waar de cliënt in de toekomst wat mee moet en wil. Is het de cliënt duidelijk hoe hij als persoon werkt en soms vastloopt? En hoe impasses in werksituaties kunnen worden opgelost?

Werkblad – Werken met metaforen

Een metafoor is een vorm van beeldspraak waarbij twee of meer ongelijke betekenissen met elkaar worden verenigd tot één nieuwe betekenis. Op deze manier is het mogelijk openingen in een vastgelopen loopbaanbeeld te maken die er van tevoren niet waren. De vergelijking van je loopbaan met een bepaald woord dat een heel andere betekenis heeft, kan verhelderend werken. Je bekijkt je loopbaan steeds vanuit een andere invalshoek, in de hoop dat deze benadering je nieuwe perspectieven geeft voor je loopbaan. Associeer vrij op dit nieuwe perspectief. De ene metafoor zal je meer op het lijf geschreven zijn dan de andere.

Voor het loopbaanverhaal gaat het om de volgende metaforen:
(tweegesprek tussen cliënt en begeleider)

Cliënt: *Ik zie mijn loopbaan als een erfenis.*
Begeleider: *Wat heb je meegekregen als basis voor je loopbaan? Wat is de boodschap van je ouders over je loopbaan geweest, die je nu nog met je meedraagt? Zijn er spelregels in je loopbaan die je van huis uit hebt meegekregen?*

Cliënt: *Ik zie mijn loopbaan als een cyclus.*
Begeleider: *In hoeverre is er in jouw loopbaan sprake van zaken die steeds terugkomen? Merk je dat je steeds op dezelfde manier denkt en handelt in je baan of* →

is er verschil tussen de ene situatie en de andere? Hoe gaat dat bij jou? Loop je na verloop van tijd steeds tegen dezelfde grenzen aan? Welke grenzen?

Cliënt: *Ik zie mijn loopbaan als een actie.*
Begeleider: *In hoeverre is er in jouw loopbaan sprake van actie van jouw kant? Ben je afwachtend geweest of heb je steeds het heft in eigen handen genomen? Hoe(zo) dan?*

Cliënt: *Ik zie mijn loopbaan als een wedstrijd.*
Begeleider: *In hoeverre is er in jouw loopbaan sprake van een match of mismatch tussen je persoon en de taken die je uitvoert?*

Cliënt: *Ik zie mijn loopbaan als een reis, een avontuur.*
Begeleider: *In hoeverre is jouw loopbaan een reis? Wat maak je mee?*

Cliënt: *Ik zie mijn loopbaan als een rol.*
Begeleider: *In hoeverre is er in jouw loopbaan sprake van een rol die je speelt? Zit je aan die rol gebakken? Waarom eigenlijk?*

Cliënt: *Ik zie mijn loopbaan als contact en communicatie.*
Begeleider: *In hoeverre is er in jouw loopbaan sprake van contact en communicatie? Steek je boven het maaiveld uit? Voel je je steeds de mindere? Word je altijd opgenomen? Van wie krijg je steeds kansen?*

Cliënt: *Ik zie mijn loopbaan als een menselijke factor in organisaties.*
Begeleider: *In hoeverre zie jij jezelf als factor in de organisatie? Ben jij de klokkenluider of pas je je altijd aan? Ben jij de spil waar alles om draait? Sta jij achter de missie van de organisatie?*

Cliënt: *Ik zie mijn loopbaan als een verhaal.*
Begeleider: *In hoeverre is jouw loopbaan een verhaal dat je graag vertelt om aan anderen uit te leggen waarom het zo gelopen is als het is gelopen?*

Cliënt: *Ik zie mijn loopbaan als toeval.*
Begeleider: *In hoeverre is toeval de verklarende factor in jouw loopbaan?*

INSTRUCTIE VOOR DE CLIËNT

Ik wil een oefening met jullie doen die tot doel heeft je uit de huidige impasse van het denken over je loopbaan te halen. Je gaat aan de hand van een aantal metaforen kijken naar je loopbaansituatie.

Werken met metaforen lukt alleen als je erin slaagt vrij te associëren met het beeld dat de metafoor over je loopbaan oproept. Als dat je lukt, heb je kans dat je aspecten van je loopbaansituatie in een ander licht gaat bekijken. We doen een korte oefening ter voorbereiding.

Neem bijvoorbeeld de metafoor van de vogelkooi. Je ziet een vogelkooi als beeld van je loopbaan. Het deurtje van de kooi staat open en de vogel vliegt niet naar buiten. Hulpvragen bij deze metafoor: Wat is in jouw geval de deur die open staat? Wat houdt je in de kooi? Wat maakt jouw situatie tot een kooi? Zie je zelf dat je ieder moment kunt wegvliegen? Waarom doe je dat dan niet? Wat zijn jouw vleugels?

Nu krijg je van mij een werkblad. Lees het even kort door en vraag me wat je niet begrijpt. Daarna lopen we iedere metafoor na. Jij leest de metafoor voor. Ik stel jou bij iedere metafoor een aantal vragen.

VARIANTEN

Kies andere metaforen als je die beter bij je cliënt vindt passen of zoek samen naar een passende metafoor.

15　DROOMBAAN

Je schrijft onbevangen over je droombaan, zodat die dichterbij komt.

VOOR WIE?
- scholieren, studenten
- individueel of in groepen
- geschikt voor iedereen.

WANNEER?
- aan het begin van het proces van loopbaanbegeleiding
- bij keuzelessen in het voortgezet onderwijs. Deze opdracht werkt als inspiratiebron voor de leerlingen.

MOGELIJKE RESULTATEN VOOR DEELNEMERS
- Je komt al schrijvend los van praktische bezwaren die er gevoelsmatig altijd zijn.
- Je focust op wat je echt belangrijk vindt en waar je energie voor over hebt.

DRAAIBOEK
- het doel aangeven (10 minuten)
- een opstel maken (30 minuten)
- plenair en/of in tweetallen nabespreken (50 minuten).

Totaal: 90 minuten.

INSTRUCTIE

Voorbereiding

Zorg voor voldoende gelinieerd papier en pennen.

Uitvoering
- Geef het doel aan en leg de werkvorm uit.
- Neem de volgende hulpvragen voor het schrijven van het opstel aandachtig met de groep door:
  - Wat doe je de hele dag? Beschrijf een dag van je droomwerk.
  - Ben je dan buiten of binnen aan het werk?
  - Gebruik je gereedschap? Welk gereedschap?
  - Wat verdien je?
  - Welke van je talenten gebruik je?
  - Hoe goed ben je?
  - Waar geniet je van in je droombaan?

- Bewaak de tijd.
- Laat een droombaanverhaal voorlezen en bespreek het samen.
- Geef eventueel aanwijzingen voor de nabespreking in tweetallen.
- Hulpvragen bij de bespreking in tweetallen:
    - Welke talenten noemt de andere partij van zichzelf?
    - Wat interesseert hem vooral?

Aandachtspunten en tips
- Laat de cliënten via een borddiscussie zo nodig eerst samen brainstormen over wat allemaal van belang kan zijn voor een droombaan.
- Vraag de deelnemers om dit opstel aan hun partner/ouders te laten lezen en over de inhoud van gedachten te wisselen.

Nabespreking
Plenair: vraag wie zijn droombaanopstel wil voorlezen. Vraag daarna aan de groep welke conclusies zij kunnen trekken over het voorgelezen verhaal en of ze vinden dat het droomberoep van de verteller ook bij hem past. Dan volgt de nabespreking in tweetallen.

INSTRUCTIE VOOR DE CLIËNT
We gaan een opstel schrijven over de baan van je dromen. Als je over zo'n baan stevig kunt fantaseren, zitten er waarschijnlijk elementen in die in het echt ook iets voor je zijn.
Je droombaan is een baan die je zelf vanuit je fantasie bedenkt. In die baan zit alles wat je belangrijk vindt als je zou gaan werken. Je kunt er je talenten goed in kwijt en je werkt waar je wilt werken en met wie je wilt werken. Je verdient wat je wilt en geniet van wat je doet.
Schrijf zo vrij mogelijk over die droombaan. Maak er een mooi verhaal van dat anderen graag willen lezen. Vergeet niet om alle details op te schrijven die voor jouw droombaan van belang zijn. Schenk niet te veel aandacht aan de vraag of het ook uitvoerbaar is wat je zou willen. Je mag nu even dromen.
Je krijgt een halfuur om een opstel te schrijven over wat voor jou het mooiste beroep van de wereld is. Schrijf in de ik-vorm: het is een verhaal, geen toets.
Straks bespreken we een opstel met de hele groep. Iemand leest zijn opstel voor. De groep zegt daarna of hij dit droomberoep iets voor de schrijver vindt en waarom.
Daarna kun je in tweetallen verder. Jullie lezen nu elkaars opstel. Als je het opstel van de andere partij gelezen hebt, geef je antwoord op de volgende vragen:
- Welke talenten noemt de andere partij van zichzelf?
- Wat interesseert hem vooral?
- Is deze droombaan voor hem bereikbaar, denk je? Waarom wel of niet?
Iedereen discussieert met de andere partij over de antwoorden die in zijn droombaan besloten liggen.

CREATIEVE WERKPLAATS

Bij werkvormen creatieve expressie gebruik je expressiemogelijkheden als dans, muziek, verhaal, toneel, tekenen en boetseren.

Voor veel mensen is het niet gemakkelijk hun persoonlijke gedachten en gevoelens direct te uiten. Vooral als het blijft bij 'praten over'. Creatieve expressiewerkvormen kunnen je over een drempel heen helpen om te uiten wat jou echt bezighoudt. Daarbij kan ook aan het licht komen dat de rangorde van zaken waar het om gaat, verschuift. Ook kunnen er nieuwe aspecten naar voren komen, die normaal gesproken in een gesprek niet aan bod zouden komen.

In loopbaangesprekken geven deze creatieve en onvermoede invalshoeken soms een wat andere, betere kijk op de cliënt en/of op zijn loopbaan. Het loopbaangesprek kan zo een andere wending nemen.

Toch moeten veel mensen een drempel over om zich over te geven aan deze werkvormen. Je bent zo gewend om je via praten te uiten. Slechts weinigen zijn gewend dit op een andere manier te doen. De introductie van dit type werkvormen vraagt daarom extra aandacht. Let op mogelijke weerstand en oefen geen druk uit.

Het komt bij deze werkvormen vooral aan op de nabespreking van wat de cliënt heeft geproduceerd via de werkvormopdracht creatieve expressie. Je zoekt via deze werkvorm naar nieuwe gezichtspunten in het loopbaanverhaal van je cliënt.

In dit hoofdstuk komen de volgende werkvormen aan de orde:
– Vertel mij wie je bent
– Scenarioschrijver
– Loopbaansprookje
– Loopbaan tekenen
– Wapenschild.

16   VERTEL MIJ WIE JE BENT

Aan de hand van een cd, een boek, een reproductie van een schilderij en een familiefoto vertel je wat jou aanspreekt en wat dat betekent, ook voor je loopbaan.

VOOR WIE?
- studenten en volwassenen
- maximaal twaalf personen
- niveau: hbo/wo.

WANNEER?
- bij de kennismaking, maar ook om persoonlijker gesprekken te krijgen als de cliënt zich niet gemakkelijk geeft
- deze werkvorm wordt in vereenvoudigde vorm veel toegepast als een kennismakingsoefening in trainingen voor persoonlijke effectiviteit.

MOGELIJKE RESULTATEN VOOR DEELNEMERS
- Je staat stil bij waar je voor staat en voor wilt staan.
- Je onderkent een verband tussen je huidige loopbaansituatie en de rode draad in je gevoeligheid voor zaken zoals die tot uiting komen in je keuze voor cd, boek, reproductie en foto.

DRAAIBOEK
- De cliënt zoekt van tevoren naar vier voor hem zeer dierbare voorwerpen.
- De cliënt brengt dierbare voorwerpen mee die besproken worden (10 minuten per persoon, 120 minuten bij een groep van twaalf).
- Nabespreking (10 minuten).
Totaal: 130 minuten.

INSTRUCTIE
Voorbereiding
Geef van tevoren aan wat de cliënten de volgende keer bij zich moeten hebben. Vraag de cliënt om een cd mee te brengen die hem aanspreekt, een boek dat hem raakt, een reproductie van een schilderij en een familiefoto die hem bijzonder aanspreken.

Uitvoering
- Geef aan dat de oefening bedoeld is als een persoonlijke kennismaking, maar ook om te begrijpen wat iemand waardevol vindt.
- Geef aan dat je de rij afgaat van links naar rechts en dat je voor iedereen maximaal tien minuten uittrekt. Nodig de groep uit om op elkaar te reageren met aanvullende vragen. Ga

na wat de cliënt aanspreekt in deze vier attributen. Het contact met je cliënt is direct, heel persoonlijk en diepgaand. Neem daarom zelf de leiding en betrek de anderen daar van tijd tot tijd bij.

– Leg de vinger op de gevoeligheid van deze cliënt.
– Verleg daarna de aandacht naar de loopbaansituatie van de cliënt en bespreek of die speciale gevoeligheid ook in zijn loopbaan een rol speelt. Hoe werkt deze gevoeligheid door in de houding en het gedrag van de cliënt? Misschien kan hij deze gevoeligheid zelfs voor zijn toekomst benutten.
– Trek conclusies over de relevantie hiervan voor de loopbaan(kwestie) die speelt.
– Dan komt de volgende persoon aan bod en doorloop je hetzelfde proces.

Aandachtspunten en tips

– Wees alert op onverwachte emoties. Geef die eventueel de ruimte, zonder er al te diep op in te gaan. Laat je interventies vooral volgend en aansluitend zijn. Vraag de cliënt om zelf conclusies te trekken over de betekenis van zijn emoties. Doorvragen en open vragen stellen is essentieel bij deze werkvorm.
– Zorg ervoor dat de aandacht levend blijft. Verdeel de tijd over twee sessies als dat nodig is.

Nabespreking

Vraag iedere cliënt wat de oefening hem heeft opgeleverd.

INSTRUCTIE VOOR DE CLIËNT

We gaan de voorwerpen bespreken die je hebt meegenomen. Je hebt een cd meegebracht, een boek, een reproductie van een schilderij en een foto uit je familiearchief waar je iets mee hebt. Deze vier attributen geven weer wat jou momenteel aanspreekt. We bespreken wat je raakt en waarom, en of er een rode draad in te ontdekken valt of juist niet. En we onderzoeken of deze gevoeligheden te vertalen zijn naar je loopbaansituatie. Bij dit gesprek gebruik ik de volgende hulpvragen:

– Welke familiefoto heb je meegebracht? Wat is erop te zien? Wanneer is hij gemaakt, onder welke omstandigheden? Wat betekent deze foto voor jou?
– Welke cd heb je meegebracht? Wanneer heb je de cd voor het eerst gehoord? Wat betekent deze cd voor je?
– Welk boek heb je meegebracht? Waar gaat het boek over? Wat doet dit boek je?
– Welk schilderij heb je meegebracht? Wat is erop te zien? Wat spreekt je erin aan?
– Als je nu stilstaat bij de betekenis van alle vier de onderwerpen samen, is er dan iets van samenhang te onderkennen? Waarom kies je juist deze zaken uit? Wat zeggen deze attributen over jou?
– Als je stilstaat bij je loopbaansituatie en je net hebt gezien waar je door aangesproken wordt, kun je dan een verband leggen?

Iedereen komt aan de beurt aan de hand van dezelfde vragen.

VARIANTEN

Een veel toegepaste variant is werken met foto's of ansichtkaarten die de trainer heeft meegebracht. Ieder groepslid kiest een foto of ansichtkaart die hij goed kan gebruiken om iets over
zichzelf te vertellen in de groep.

17   SCENARIOSCHRIJVER

Je schrijft een toneelstukje in drie bedrijven. Je benut je ervaringen om al een idee te ontwikkelen over de ideale toekomst.

VOOR WIE?

- volwassenen
- individueel
- niveau: hbo/wo.

WANNEER?

- als er in de groep vertrouwen, veiligheid en samenwerking is
- experimenteel in een-op-eencoachingsgesprekken.

MOGELIJKE RESULTATEN VOOR DEELNEMERS

- Je evalueert belangrijke incidenten uit je loopbaan.
- Je weet waar je naartoe wilt werken in de komende vijf jaar.

DRAAIBOEK

- opdracht meegeven als huiswerk (vooraf)
- de drie incidenten van één cliënt bespreken (20 minuten)
- het levensthema opsporen (10 minuten)
- conclusies trekken over de loopbaankwestie die speelt (10 minuten).

Totaal: 40 minuten.

INSTRUCTIE

Voorbereiding

Leg de bedoeling uit, kopieer het werkblad en geef het werkblad als huiswerk mee naar huis.

Uitvoering

- Vraag de cliënt een toneelstukje te schrijven in drie aktes en dat de volgende bijeenkomst kant-en-klaar mee te brengen (zie werkblad).
- De eerste akte vraagt om een beschrijving van een incident in de loopbaan van de cliënt toen hij twaalf jaar oud was.
- De tweede akte vraagt om de beschrijving van een incident dat de cliënt heel recent in zijn loopbaan is overkomen.
- De derde akte gaat over een imaginair incident in de loopbaan van de cliënt, dat hij over vijf jaar zal meemaken, als alles is gelopen zoals hij zou willen.
- Bespreek de huiswerkopdracht samen (zie het werkblad en *Instructie voor de cliënt*).De

cliënt leest iedere akte van zijn verhaal hardop voor. Stel per akte een aantal verhelderende en uitnodigende vragen om de cliënt dichter bij zichzelf te brengen om zo dieper op zijn loopbaantoekomst in te kunnen gaan.

Aandachtspunten en tips

Mensen moeten er even inkomen en ze moeten het vooral zien zitten. Daar moet je tijd aan besteden.

Nabespreking

- Ga samen na wat de aktes te vertellen hebben en trek daaruit definitieve conclusies.
- Het is belangrijk om vast te stellen of de werkvorm bijdraagt aan extra inzicht, dat nodig is om de loopbaanontwikkeling van je cliënt naar een hoger plan te tillen. Breng de focus op zelfanalyse met vragen als:
- Wat vind je zelf verrassend in het scenario?
- Waar wil je zelf bij stilstaan?
- Wat was je ervaring tijdens het schrijven?
- Zou je wensen dat vertrouwde anderen in je directe omgeving dit scenario ook zouden lezen, om er samen met hen over te praten?

Werkblad – Scenarioschrijver

Schrijf een toneelscenario voor je eigen leven en loopbaan.

Vragen die de schrijver van het toneelstukje zich stelt tijdens het schrijven:
Eerste akte: een scène/incident uit je levensloopbaan toen je twaalf jaar oud was.
- Waar was je?
- Wie was erbij?
- Wat deed je?
- Wat deden zij?
- Wat dacht je?
- Wat voelde je?
- Wat wilde je?

Tweede akte: een scène/incident uit je levensloopbaan nu.
- Waar was je?
- Wie was erbij?
- Wat deed je?

$\rightarrow$

- Wat deden zij?
- Wat dacht je?
- Wat voelde je?
- Wat wilde je?

Derde akte: een scène/incident uit je levensloopbaan over vijf jaar, als alles is gelopen zoals jij het wilde.
- Waar ben je nu?
- Wie is er bij je?
- Wat doe je?
- Wat doen zij?
- Wat denk je?
- Wat voel je?
- Wat wil je?

INSTRUCTIE VOOR DE CLIËNT

In deze oefening ga je een toneelstuk schrijven over je eigen leven en loopbaan. Kies drie scènes uit om te beschrijven in aktes. De eerste akte gaat over jou toen je twaalf was. De volgende akte gaat over jou zoals je nu bent en een laatste akte gaat over jou zoals je bent over vijf jaar, als alles is gelopen zoals jij dat wil. Hierover denken en dat uitschrijven kun je het beste thuis doen, op een rustig moment. Het is de bedoeling dat we daarna de tekst van dit scenario samen bespreken.

Ik deel het werkblad uit en bespreek dat met je, zodat je de opdracht beter uit kunt voeren.

Ik maak nu een afspraak met je wanneer we hier samen verder over zullen praten.

VARIANTEN

Groepsgewijs in twee varianten:
1 De cliënt vertelt de drie aktes. De groep stelt vragen over wat die aktes voor hem betekenen.
2 De cliënt vertelt de drie aktes en speelt met leden van de groep een akte na.

In groepssessies is het uitspelen van aktes heel indringend. Dat kan veel alertheid van je vragen, om de reacties van iedereen te begeleiden. Geef aandacht aan groepsdynamische processen en aan mogelijke emotionele ontlading van de deelnemers.

Deze variant neemt veel tijd in beslag, minimaal een dagdeel.

18 LOOPBAANSPROOKJE

Je loopbaankoers wordt uitgewerkt in een sprookje met een *happy end*.

VOOR WIE?
- studenten, volwassenen
- individueel
- niveau: hbo/wo.

WANNEER?
- in een volggesprek, als er al sprake is van vertrouwen en samenwerking
- experimenteel, in een-op-eencoachingsgesprekken.

MOGELIJKE RESULTATEN VOOR DEELNEMERS
- Je neemt stelling over je eigen loopbaankoers: verhalen vertellen is kiezen voor hoe iets in elkaar zit en afloopt.
- Je laat rationele patronen van interpretatie van de werkelijkheid even los en schakelt je fantasie in om een beeld te krijgen van wat je graag zou willen.

DRAAIBOEK
- Je legt uit wat de bedoeling is van deze werkvorm (15 minuten vooraf).
- De cliënt schrijft zijn sprookje met happy end (vooraf).
- De cliënt vertelt het verhaal (5 minuten).
- Je geeft de cliënt gelegenheid om vragen te stellen (15 minuten).
- Je laat de cliënt conclusies trekken (10 minuten).

Totaal: 30 minuten.

INSTRUCTIE
Voorbereiding
Geen.

Uitvoering
- Geef het doel van de opdracht aan en ga na of de cliënt het ziet zitten. Neem het werkblad met hem door. Maak een afspraak om het resultaat van de opdracht om een loopbaan-sprookje te schrijven, te bespreken. Laat de cliënt het verhaal zelf voorlezen.
- Laat de cliënt zijn sprookje voorlezen/afspelen op een voicerecorder. Onderbreek hem niet.
- Vraag naar concrete details en naar gevoelens.
- Trek samen met de cliënt conclusies uit het verhaal en breng die in verband met de loop-baantoekomst die voor hem speelt.

Aandachtspunten en tips

Het is belangrijk dat je cliënt een maximale inzet en minimale weerstand laat zien.

Nabespreking

–   De bedoeling is dat de cliënt zelf reflecteert over zijn sprookje. Ga niet voor hem interpreteren. Wees alert op details die de verteller in het verhaal weeft.
–   Vraag steeds zo open mogelijk door naar wat deze details betekenen en hoe de cliënt ze ervaart.
–   Probeer het verband naar het loopbaanproces helder te krijgen.

Werkblad – Loopbaansprookje

Vertel je loopbaanverhaal als een sprookje dat goed afloopt. In je verhaal komen drie elementen voor:
een moeilijke opgave, een oude man die je raad geeft en een goede fee die je kansen biedt.

Begin het sprookje met de woorden: in een land heel ver weg van hier woont een man (of vrouw) die ... (jouw voornaam) heet.
Vertel welke moeilijke en spannende opgaven je moet uitvoeren en laat daarna de oude man en de fee je eigen verhaal beïnvloeden door hen te laten handelen, je te informeren, je raad te geven et cetera. Je sprookje heeft altijd een happy end.

Je kunt het sprookje inspreken op een voicerecorder of opschrijven. Je leest je sprookje bij de volgende bijeenkomst voor.

INSTRUCTIE VOOR DE CLIËNT

Je gaat je eigen sprookje schrijven, om nou eens even niet met het echte loopbaanproces bezig te zijn. Je laat je fantasie de vrije loop. Dat geeft je straks ruimte om op een andere manier naar de werkelijkheid te kijken. Je krijgt deze opdracht mee naar huis. Dan kun je er eerst even over nadenken.

Ik geef je een werkblad mee om de verhaallijn aan te geven. Lees het maar even door en kijk of je nog vragen hebt (zie het werkblad).

Wat je ook kunt doen: als je je verhaal hebt opgeschreven, kun je het daarna inspreken op de voicerecorder.

Bij de volgende bijeenkomst bespreken we je verhaal. Je vertelt je zelfgeschreven sprookje of speelt de voicerecorder af. Probeer bij je uitleg zo dicht mogelijk bij jezelf te blijven en leg duidelijke verbanden tussen je sprookje en het loopbaanprobleem waar je mee zit. Ik zal je vragen stellen om het doel van de opdracht goed uit de verf te laten komen.

Ter afronding worden de belangrijkste punten nog eens samengevat.

VARIANTEN
– De opdracht is eenvoudig: instrueer de groep vooraf zoals in de *Instructie voor de cliënt* (zie werkblad).
– Verdeel voor de bespreking de groep in drietallen (vijftien minuten per persoon). Groepsleden lezen elkaar hun sprookje voor en stellen elkaar uitnodigende en invoelende vragen. Wie ben je werkelijk? Wat zou dit kunnen betekenen voor de stappen die in het loopbaanproces op stapel staan? De oefening vraagt vertrouwen van de groepsleden in elkaar en een goed niveau van de vragensteller.

19   LOOPBAAN TEKENEN

Je maakt drie tekeningen, die leiden tot nieuwe loopbaanassociaties.

VOOR WIE?
- studenten, volwassenen
- maximaal twaalf personen
- niveau: hbo/wo.

WANNEER?
- om rationele analyses te verrijken met associatievere informatie
- als je een beroep wilt doen op de fantasie
- veel toegepast in trainingen voor zelfmanagement in de loopbaan en in groepssessies.

MOGELIJKE RESULTATEN VOOR DEELNEMERS
- Je laat zien wie je bent, hoe je situatie in elkaar zit en in welke richting je die situatie wilt veranderen.
- Je laat via het tekenen associaties toe die anders niet zo gemakkelijk worden gelegd.
- Je durft je kwetsbaar op te stellen door te tekenen.

DRAAIBOEK
- werkvorm uitleggen (5 minuten)
- tekenfase (30 minuten)
- bespreken in subgroepjes van vier (40 minuten)
- nabespreken (35 minuten).

Totaal: minuten, 110 minuten.

INSTRUCTIE
Voorbereiding
Zorg voor flip-overpapier en stiften.

Uitvoering
- Leg de werkvorm uit. Laat de drie tekeningen op een flip-overvel maken (zie *Instructie voor de cliënt*).
- Maak subgroepjes voor de bespreking van de tekeningen.
- Oefen plenair het bespreken van een loopbaantekening.
- Geef opdracht om de tekeningen daarna in de eigen groep te bespreken. Geef de volgende instructie: ga om de flip-over heen staan en laat de cliënt eerst zelf uitleg geven. Schenk veel aandacht aan details die je opvallen en vraag daarop door. Vraag je af of er ook zaken

ontbreken op de tekeningen die relevant zouden kunnen zijn. Formuleer samen een of twee conclusies op basis van de tekeningen.

Aandachtspunten en tips
- De oefening doet een beroep op de visuele verbeelding en helpt de cliënt om op associatieve wijze aan te geven hoe hij zijn leven ziet en beleeft: hoe hij zijn eigen capaciteiten en motivatie beoordeelt in de context waarin hij verkeert.
- Haal je cliënt over de drempel als hij zegt niet te kunnen tekenen. Daar gaat het niet om. De oefening genereert veel positieve energie en verrassende accenten in de zelfverkenningen.
- Vraag goed door. Houd de timing in de gaten.

Nabespreking
Vraag iedereen naar de conclusies die uit de tekeningen naar voren kwamen. Probeer die eventueel nog aan te scherpen.

INSTRUCTIE VOOR DE CLIËNT
Deze oefening is bedoeld om je op een andere manier naar jezelf te laten kijken.

Je maakt drie tekeningen: een van jezelf zoals je jezelf als unieke persoon ziet, een van de situatie waarin je verkeert en als laatste een tekening van de toekomst zoals jij wilt dat die toekomst eruit ziet over vijf jaar. Je hoeft niet te kunnen tekenen, als je maar kunt uitleggen wat je ermee bedoelt.

Bespreek de tekeningen in de subgroep. Als je zelf aan de beurt bent, leg je uit wat je bedoeld hebt met de tekeningen. Probeer als medegroepslid zorgvuldig door te vragen op ieder detail in de tekening en op het verband tussen de drie tekeningen en de loopbaanontwikkeling van de persoon die zijn tekening heeft voorgelegd.

VARIANTEN
De tekenopdracht kan variëren. Bijvoorbeeld: teken je toekomst over zeven jaar. Of: teken jezelf van top tot teen en voeg symbolen toe die iets vertellen over wat je in je mars hebt aan expertise, wat je belangrijk vindt en wat je goed kunt. Een bekende variant waarbij nog minder een appel wordt gedaan op tekenvaardigheid is het hoofd-, hand-, hartwerkblad, waarbij de tekenaar aangeeft wat hij in zijn mars heeft, waar zijn hart naar uit gaat en wat hij zelf onder controle heeft als het gaat over zijn toekomst.

20   WAPENSCHILD

Je ontwerpt een wapenschild met daarop je eigen symbolen van jouw unieke talent, speciale waarden, inspiratie en missie.

VOOR WIE?
- studenten en volwassenen
- een groep van maximaal twaalfpersonen
- niveau: hbo/wo.

WANNEER?
- als je wilt focussen op de kracht van de deelnemer
- wordt veel toegepast in trainingen voor zelfmanagement in de loopbaan.

MOGELIJKE RESULTATEN VOOR DEELNEMERS
- Je laat duidelijk zien wat jou sterk maakt en wapent je tegen problemen.
- Je communiceert openlijk over hoe je jezelf ziet.
- Je neemt assertief stelling over jezelf.

DRAAIBOEK
- uitleg geven met voorbeelden (10 minuten)
- werkblad en stiften uitdelen (5 minuten)
- tekenen en ontwerpen (25 minuten)
- bespreken in subgroepen van vier personen (40 minuten)
- plenair nabespreken (30 minuten).

Totaal: 110 minuten.

INSTRUCTIE
Voorbereiding
Zorg voor grote vellen tekenpapier, stiften en voorbeelden van wapenschilden, in vieren verdeeld, met daarop het symbool van jouw eigen unieke talent, het symbool van je levensmotto, het symbool voor je inspiratie en het symbool voor je passie.

Uitvoering
- Leg de werkvorm uit en laat voorbeelden zien.
- Iedereen gaat individueel aan het werk. Vorm groepen van vier en instrueer hen voor de bespreking met elkaar. Neem de besprekingsspelregels door: tijdens de bespreking komt iedere deelnemer aan bod en krijgt tien minuten de aandacht. Als de groep klein is, kan dat plenair. Anders in subgroepjes van vier personen.

De sleutelvraag is: wat kan je wapenschild betekenen voor het hanteren van je huidige loopbaansituatie?
– Bewaak de tijd en het proces tijdens het werken in de subgroepjes.

Aandachtspunten en tips
– De oefening sluit vooral aan op de visie en missie van de persoon en op zijn kwaliteiten. Dit is bij uitstek een werkvorm voor groepssessies.
– Geef aandacht aan de cliënten die moeite hebben met de opdracht door vooraf vragen te stellen en hen zonder druk aan te moedigen.

Nabespreking
Laat in deze bespreking nog eens extra zien dat ieders wapenschild relevant is voor de individuele loopbaankwestie. Neem het sprekendste voorbeeld van je groep als voorbeeld om dat verband aan te tonen. Vraag hoe de cliënt zijn schild wil inzetten om verder te komen.

INSTRUCTIE VOOR DE CLIËNT
Pak een groot vel papier en teken daarop een wapenschild. Deel het schild in in vier segmenten; in ieder segment teken je een symbool:
– In het eerste segment teken je het symbool voor je unieke kwaliteit als persoon.
– In het tweede segment teken je je levensmotto en zet je een tekst van maximaal vijf woorden.
– In segment drie teken je een symbool voor je inspiratie.
– In het vierde segment teken je een symbool voor je geheime wapen om je te handhaven, je passie.

We gaan ieder schild in de subgroep om de beurt bespreken. Leg de tekening centraal neer, zodat hij goed te zien is. Als je zelf aan de beurt bent, leg je de vier symbolen uit. De anderen hebben tot taak om jou hierover uit te vragen tot ze goed begrijpen wat jouw talent, passie en inspiratie en missie zijn. Zij stellen vragen over alle vier de symbolen en over de samenhang van die symbolen voor jouw leven en loopbaan.

VARIANTEN
Deze opdracht kun je goed als huiswerk meegeven aan een groep, maar kan ook als huiswerk dienen ter voorbereiding van een individueel loopbaangesprek.

STUKJES VAN EEN PUZZEL

Denken helpt je overleven in een complexe werkelijkheid. Je hebt je denkhoofd niet voor niks gekregen. Een analyse van de werkelijkheid kan je voor misstappen behoeden, maar ook helpen een voorkeur te bepalen tussen uiteenlopende mogelijkheden. Bij denken gaat het om twee sporen: overzicht krijgen over veelheid en inzicht krijgen in waar het op aan komt. Denken kan je helpen om een genuanceerd beeld op te bouwen over jezelf en de wereld om je heen. Denken helpt je om de beste argumenten voor je plannen op te sporen. Denken kan je helpen om samenhang te zien tussen ongelijksoortige gegevens en die te combineren. Denken helpt je ook om situaties te beoordelen volgens je eigen criteria.

De kreet 'Gebruik je verstand' wijst er al op dat mensen vaak geneigd zijn om in complexe levenssituaties op hun gevoel af te gaan. Als je je uitsluitend laat leiden door gevoelens, kun je maar weinig afstand houden en loop je het risico dat je de zaak niet van zo veel mogelijk kanten onderzoekt. Bezwaren en bedenkingen worden gauw weggewuifd als je de zaak snel opgelost wilt hebben. Ook sta je niet open voor logische argumenten als je gefixeerd bent op slechts één oplossing en de andere mogelijkheden als bedreigend ervaart.

Loopbaanzaken kun je ook verstandig aanpakken. In dat geval onderzoek je de alternatieven en toets je loopbaanplannen aan je eigen criteria. Bepaalde onderwerpen die van betekenis zijn voor het keuzeproces, zet je zorgvuldig op een rij. Het gaat hierbij om onderwerpen als 'wie ben je?' en 'welke eigenschappen heb je?' Je trekt lessen uit de loopbaanervaringen uit het verleden. Op deze manier kom je tot een risicoberekening op basis van argumenten.

In dit hoofdstuk is het de bedoeling om het loopbaanproces verstandig aan te pakken, zonder dat er te veel gevoelens en emoties tussendoor spelen.

De volgende vijf werkvormen komen aan bod in dit hoofdstuk:
- Informatie die hout snijdt
- Mindmap
- Zoekprofiel
- Go with the flow
- Competentieprofiel.

21   INFORMATIE DIE HOUT SNIJDT

Met behulp van het incidentenonderzoek zoek je uit hoe je functioneert in je werk.

VOOR WIE?
- volwassenen
- individueel
- niveau: hbo/wo.

WANNEER?
- bij cliënten die niet weten of ze goed functioneren, bijvoorbeeld in werk dat hun een grote mate van vrijheid van handelen biedt
- bij cliënten die willen uitzoeken of hun werk wel bij hen past
- wordt met succes en veel gebruikt bij functieanalyse en selectiegesprekken.

MOGELIJKE RESULTATEN VOOR DEELNEMERS
- Je kunt aangeven waar het op aankomt in een functie, taak of beroep. Je weet te analyseren en te nuanceren.
- Je toetst of een taak, beroep of functie voldoende bij je past.
- Je ontdekt wat je nog moet leren om optimaal te functioneren in je werk.

DRAAIBOEK
- de *critical incidents technique* uitleggen (5 minuten)
- een succesvol incident kiezen dat actueel is en nog goed in het geheugen zit (5 minuten)
- de feiten, het gedrag, de gevoelens en de gedachten analyseren tijdens dit incident (30 minuten of meer)
- nabespreken (15 minuten of meer).

Totaal: 55 tot 60 minuten.

INSTRUCTIE
Voorbereiding
Maak zelf een voorbeeld van het werkblad zoals jij het zou invullen.

Uitvoering
- Leg de cliënt uit wat de *critical incidents technique* inhoudt en waarom je vindt dat deze werkvorm relevant is voor je cliënt.
- Besteed aandacht aan een bruikbare keuze van een significant incident. De cliënt neemt een relevante en concrete precaire werksituatie in gedachten waarin hij succes boekte, ook al viel het niet bepaald mee. Neem voor de keuze van het incident goed de tijd.

- Geef met een eigen voorbeeld aan hoe je het schema kunt gebruiken en hoe je de hulpvragen uit het werkblad kunt benutten.
- Geef de cliënt de opdracht om op zijn werkblad zelf een incident uit te werken.
- Bespreek samen de uitkomsten van de incidentanalyse zoals de cliënt die heeft opgeschreven.
- Corrigeer de cliënt die zijn *critical incident* te algemeen formuleert met zinnen als: 'Beschrijf het incident nog eens alsof je het nu beleeft. Blijf met je emotie bij de situatie die je beschrijft. Laat je niet afleiden door dingen die er niet echt toe doen.'

Aandachtspunten en tips

Deze analysetechniek kun je het beste hanteren voor die beroepssituaties, waarin gedrag niet vooraf is voor te schrijven. Voor een verkoopgesprek bijvoorbeeld, voor lesgeven of een politie-optreden bestaat geen eensluidende manier van handelen. Gaat het om beroepsactiviteiten die vastliggen en een sterk repeterend karakter hebben, dan kun je beter een andere analyse-methode hanteren. Zorg dat de cliënt aan de hand van het incident een belangrijke kern van zijn beroepspraktijk beschrijft, die terug te voeren is tot een concrete gebeurtenis op het werk.

Nabespreking

Zorg ervoor dat de cliënt zijn verhaal vertelt. Samen ga je na wat er in het schema is aangetekend en wat daarvan de betekenis is. Stel vragen die duidelijk maken of de cliënt inzicht heeft in zijn situatie en welke verbeterpunten aan de orde moeten komen. Voorbeeldvragen: hoe zou je meer succesmomenten in je werk kunnen krijgen? Is dat mogelijk binnen het werk dat je nu hebt? Zijn er verbeterpunten in gedrag, handeling of overtuiging nodig die jou kunnen helpen beter te functioneren?

Werkblad – Incidentoefening

Kies een incident dat in de afgelopen tijd op je werk heeft gespeeld, waarin je het er met moeite goed af hebt weten te brengen. Kies een incident dat je werkelijk heeft geraakt.

Schrijf aan de achterzijde van dit werkblad je incident kort uit en beantwoord daarbij de volgende vragen:

Wat gebeurde er?

Welk concreet gedrag droeg eraan bij dat de taakuitvoering een succes en adequaat was?

Welk gedrag deed afbreuk of had eventueel afbreuk kunnen doen aan het goed verlopen van de taakuitvoering?

Hoe had dat in die situatie beter gekund? Wat had jij of iemand van de betrokkenen beter kunnen doen?   →

Welke houding, instelling, overtuiging leidde tot succes en welke instelling had tot het maken van fouten geleid?

Vat het incident samen in het volgende schema.

naam incident	feiten	gedrag	door welke gevoelens liet je je leiden?	door welke gedach-ten liet je je leiden?
succesvol				
neutraal				
niet succesvol				

Vraag 1. Het gaat om de feiten die dit incident in je werk tot een succes maakten. Wat is de kern?
Vraag 2. Er waren misschien ook feiten in hetzelfde incident die niet goed voor je uit-pakten. Waarom reageerde je toen zo? Wat had je anders moeten doen?
Vraag 3. Hoe zou je een identieke situatie de volgende keer aanpakken?

Vat de antwoorden op bovenstaande vragen kort samen.
Antwoord 1:
_____

_____

Antwoord 2:
_____

_____

Antwoord 3:
_____

_____

Eindconclusie:
_____

_____

INSTRUCTIE VOOR DE CLIËNT

Deze oefening kan je helpen om stil te staan bij hoe je op je werk functioneert. De werkvorm draait om 'een kritisch incident' in je werk, waarin precies gebeurt waar het op aan komt bij het uitvoeren van een bepaalde taak of functie.

Ik zal dat toelichten aan de hand van de volgende anekdote:

Waar oorlog al niet toe kan leiden. In de Tweede Wereldoorlog zocht J. Flanagan naar een methode om de opleiding van jachtvliegers te verbeteren. Veel vliegtuigen van aspirant-vliegers stortten namelijk neer. De vraag rees of de aangeboden training wel voldoende de nadruk legde op waar het uiteindelijk op aankomt bij kritieke vliegproblemen. Flanagan ondervroeg de vliegers die het incident overleefden en vroeg hun om nauwkeurig in termen van gedrag aan te geven wat ze verkeerd hadden gedaan. Deze interviews vormden de basis voor een door hem ontworpen vraagtechniek: de *critical incidents technique*. Het is een methode om kritische eisen voor een taak op te sporen en gedragingen te benoemen die precies het verschil uitmaken tussen de taak effectief en ineffectief uitvoeren. Het woord 'critical' verwijst naar zulke kritieke situaties. In de praktijk van de toepassing van deze methode gaat het niet zozeer om de kritieke situaties waar iets mogelijk mis dreigt te gaan, maar om de belangrijkste situaties van de beroepsuitoefening, waar de kern van de taak in tot uiting komt. Het *critical incident interview* luistert heel nauw. Je wilt niet weten hoe iemand in het algemeen denkt of hoe hij in het algemeen zijn werk aanpakt, maar juist wat hij feitelijk heeft gedaan in een concrete situatie. Welke relevante, precaire beroepssituatie neem je in gedachten waarin jij met succes gehandeld hebt, ook al ging het bepaald niet gemakkelijk? Het moet een incident zijn in je werk dat je je nog levendig herinnert. Neem hier goed de tijd voor, want de keuze van het incident bepaalt of je veel aan de conclusies zult hebben.

We nemen het werkblad nu door. Voor je aan het schema begint, kun je het voorval dat je wilt beschrijven het best eerst aan de achterzijde van het werkblad beschrijven. Vul ten slotte het schema op het werkblad in.

VARIANTEN

– Je kunt er ook voor kiezen om de fase van zelfwerkzaamheid over te slaan en samen met de cliënt direct een gesprek aan te gaan, om het schema in te vullen en de conclusies eruit te halen. Ook vragen naar specifieke incidenten die misgingen, kan heel informatief zijn.

– Als deze werkvorm goed is uitgelegd, zou de cliënt het incident ook thuis kunnen uitschrijven en de volgende keer bespreken.

– De werkvorm kan ook aan een groep worden uitgelegd, die de opdracht thuis uitwerkt. Je moet dan voor iedere cliënt afzonderlijk tijd plannen voor de nabespreking, minstens twintig minuten per persoon.

22 MINDMAP

Via de mindmaptechniek breng je op een speelse manier ordening en structuur aan in de gedachten en ideeën over je loopbaansituatie.

VOOR WIE?
- scholieren, studenten, volwassenen
- individueel
- niveau: havo/vwo.

WANNEER?
- in de intake- of verkenningsfase
- op scholen in het voortgezet onderwijs wordt er uitvoerig mee gewerkt, ook klassikaal.

MOGELIJKE RESULTATEN VOOR DEELNEMERS
- Je kunt een eerste blauwdruk van aspecten overzien die relevant zijn voor je loopbaansituatie.
- Je brengt orde aan in de veelheid van aspecten die spelen.
- Je onderkent nieuwe verbanden en prioriteiten in je loopbaansituatie.

DRAAIBOEK
- techniek van het mindmappen uitleggen (7 minuten)
- oefening mindmap doen (10 minuten)
- oefening nabespreken (7 minuten)
- mindmap tekenen (16 minuten)
- mindmap nabespreken (20 minuten).

Totaal: 60 minuten, inclusief de nabespreking.

INSTRUCTIE

Voorbereiding

Vooraf klaarleggen: drie kleurstiften, papier en flip-overbladen. Teken een voorbeeld van een mindmap, zodat de cliënt begrijpt hoe een mindmap eruit ziet en hoe je daarmee werkt.

Uitvoering
- Houd de uitleg kort en laat snel een concreet voorbeeld zien van een mindmap (zie werkblad).
- Neem de tekst van het werkblad samen door.
- Vraag daarna aan de cliënt om een oefenmindmap te maken. Deze kan gaan over elk onderwerp dat hem aanspreekt (bijvoorbeeld topsport, gezondheid, relaties op het werk). Laat de proefversie op de achterzijde van het werkblad tekenen. Kijk of de cliënt de opzet van het mindmappen heeft begrepen.

- Geef de cliënt daarna de opdracht om zijn eigen loopbaansituatie in kaart te brengen, met alle facetten die erbij horen. Nodig hem uit om in de tekst met kleuren en symbolen te werken. Verwijs naar het sms-verkeer en de emoticons die daarbij worden gebruikt.
- De cliënt mag over de mindmap zo lang doen als hij wil.

Aandachtspunten en tips
- Laat de cliënt volkomen vrij in zijn aanpak; iedere mindmap heeft een persoonlijke stijl.
- Laat tussen het maken en het bespreken van de mindmap niet te veel tijd verlopen (maximaal een week) om niets van de intensiteit van het proces verloren te laten gaan.
- Laat de cliënt bij de bespreking alleen aan het woord, interrumpeer hem niet tot hij klaar is.
- Geef aan wat je in het verhaal van je cliënt is opgevallen.
- Vraag door op onduidelijkheden.
- Vraag welke conclusies de cliënt kan en wil trekken en welke punten hij nog uit moet zoeken.

Nabespreking
Bespreek de mindmap zorgvuldig na en probeer samen de kern te bepalen en de samenhang van alle factoren.
De mindmap is een mooi vertrekpunt voor actiepunten waaraan de cliënt kan werken. In principe kan naar aanleiding van de mindmap de agenda van actiepunten worden opgesteld. Zo kan de cliënt bepalen in welke volgorde hij de zaken het beste kan aanpakken. Het gaat om de conclusies die getrokken worden op basis van de mindmap.

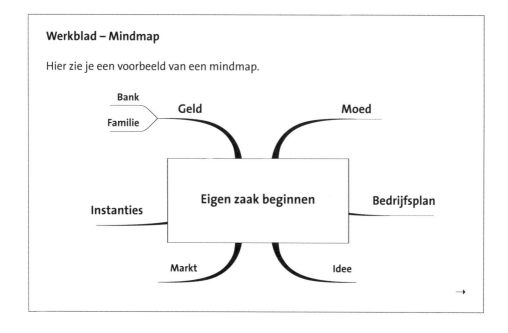

Werkblad – Mindmap

Hier zie je een voorbeeld van een mindmap.

Bank
Familie
Geld
Moed

Instanties
Eigen zaak beginnen
Bedrijfsplan

Markt
Idee

→

- Een mindmap helpt je om een kwestie waar je mee zit te ordenen en tegelijkertijd van alle kanten te bekijken.
- Mindmapping is een methode om grafisch een grote hoeveelheid gegevens te verwerken, om je gedachten en ideeën te ordenen. Op momenten dat ideeën en gedachten je onrustig maken, kun je een visuele boomstructuur in woorden, kleuren, lijnen en tekeningetjes opzetten om vorm te geven aan wat je bezighoudt. Kijk even naar het voorbeeld.
- Een mindmap begint altijd met een of andere kwestie die je in het midden van je papier zet. Je verbindt dit hoofditem met allerlei woorden, korte uitdrukkingen of beelden die naar aanleiding van dit onderwerp door je hoofd schieten. Dikke en dunne, gekleurde en zwarte lijnen met vertakkingen maken van de kwestie die je in een mindmap uitwerkt een boomstructuur, met zicht op verrassende antwoorden. Zo visualiseer je je gedachten. De structuur is radiaal en werkt tegelijkertijd alle kanten op.
- Zet het belangrijkste idee, de kwestie waar je meer inzicht in wilt krijgen, in het midden van je papier.
- Neem veel ruimte, zodat je later gemakkelijk dingen kunt toevoegen.
- Maak vanuit het onderwerp vertakkingen naar allerlei deelaspecten en van daaruit weer kleinere subvertakkingen.
- Groepeer de aspecten, breng verbanden aan.
- Gebruik hoofdletters, kleine letters, kleuren, symbolen en kaders om te accentueren.
- Je kunt er zo lang over doen als je wilt, maar redeneer de boel niet kapot; je intuïtie moet zijn werk blijven doen.
- Je kunt je mindmap opsieren met emoticons of andere symbolen uit het sms-verkeer.
- Iedere mindmap is anders en persoonlijk.
- Maak eerst een proefversie van een mindmap aan de achterzijde van dit werkblad. Dan kun je zien hoe het werkt.
- Nu stort je je met behulp van de mindmap op de uitwerking van een loopbaanprobleem waar je werkelijk mee zit. Werk eerst een kladsituatie uit. Zet je mindmap daarna over op een flip-over.

INSTRUCTIE VOOR DE CLIËNT

Je krijgt van mij een werkblad waar alles op staat van de werkvorm die we nu gaan doen. Lees maar eens door en kijk of je de aanpak begrijpt. We gaan eerst oefenen. Daarna ga je aan de slag met een loopbaankwestie die je verder uit wilt zoeken. Zit je met een keuzekwestie, een dilemma of een probleem op je werk? De werkvorm heeft alleen zin als je werkelijk met een loopbaanvraag zit waar je tot nu toe niet goed uitgekomen bent, omdat je het probleem niet kon overzien.

We bespreken je mindmap na om te zien wat de acties zijn die je op dit moment kunt ondernemen.

Neem er de tijd over om ervoor te zorgen dat je niks vergeet.

Maak nu eerst in het klad de mindmap van de kwestie die je hoog zit en die je verder uit wilt werken.

VARIANTEN

– Je kunt deze opdracht ook in een groep doen. Neem de instructie door en laat de proef-mindmap maken. De cliënt kan thuis de mindmap van de loopbaankwestie uitwerken.
– Deze opdracht kan in subgroepen worden nabesproken. De groepsleden moeten dan wel extra geïnstrueerd worden.

23   ZOEKPROFIEL

Je formuleert welke eisen je aan je toekomstige werk wilt stellen.

VOOR WIE?
- studenten, volwassenen
- individueel
- niveau: mavo/havo.

WANNEER?
- in een sfeer van bemiddeling, in de uitzendbranche en bij persoonlijke ontwikkelplannen
- wordt veel gebruikt in outplacement en sollicitatietrainingen.

MOGELIJKE RESULTATEN VOOR DEELNEMERS
- Je komt erachter wat je wilt en zoekt.
- Je kunt op basis van je onderzoek gemakkelijker beslissen over vacatures die op je pad komen.

DRAAIBOEK
- inleiding (10 minuten)
- het werkblad invullen (30 minuten)
- nabespreken (80 minuten).

Totaal: 120 minuten.

INSTRUCTIE
Voorbereiding
- Kopieer het werkblad voor je cliënt.
- Bereid deze werkvorm goed voor.

Uitvoering
- Neem het schema (zie werkblad) eerst globaal door. Vraag of de cliënt zich over alle onderdelen een mening kan vormen.
- Laat de cliënt dan alleen om het schema in te vullen.
- Bespreek samen de uitkomst, vraag kritisch door en scherp de conclusies waar nodig aan. Trek samen conclusies over de arbeidsplaats die de cliënt op de arbeidsmarkt zou moeten/kunnen zoeken met dit profiel.

Aandachtspunten en tips
- Deze werkvorm vraagt veel inzet en tijd.

- De kwaliteit van het gesprek over het zoekprofiel moet alle aandacht krijgen.
- Let op of de eisen die de cliënt stelt, nog wel reëel zijn, gezien zijn mogelijkheden.

Nabespreking

Het zoekprofiel dient als een kompas en moet daarom goed besproken worden. Ga nog eens na of de cliënt duidelijk voor ogen staat wat hij wil en waar zijn prioriteiten liggen. Bekijk samen met hem de winst die hij boekt door deze opdracht te maken.

Werkblad – Zoekprofiel werkeisen

Jouw zoekprofiel

Werk jouw zoekprofiel uit in onderstaand schema. Toets daarbij de vier werkeisen aan de zes werkfactoren.

Werkeisen:
- algemene eisen die ik stel aan mijn werk
- cruciale eisen die ik stel aan mijn werk
- belangrijke eisen die ik stel aan mijn werk
- 'mooi meegenomen' als het werk aan deze eisen voldoet.

Werkfactoren:

1   *Werkzaamheden*
    Welke werkzaamheden wil je uitvoeren (wat moet je doen en welke kwaliteiten kun je daarbij inzetten)?

2   *Werkomstandigheden*
    Welke werkomstandigheden zijn hier aan de orde (binnen werken, buiten werken, werktijden, lawaai, stof, gevaarlijke stoffen, werken op hoogte, werktijden, reistijden et cetera)?

3   *Werkvoorwaarden*
    Welke werkvoorwaarden spelen nog meer een grote rol (salaris, pensioenregeling en voorzieningen van de zaak als auto, telefoon, en computer)?

4   *Sociale contacten en omgangsvormen*
    Welke sociale contacten, omgangsvormen, sfeer en cultuur verwacht je in de organisatie?   →

---

5   *Ontwikkelingsmogelijkheden*
    Welke ontwikkelingsmogelijkheden wil je hebben?
6   *Begeleiding op de werkplek*
    Welke begeleiding vraag je op de werkplek?

Schema

zoekprofiel	eisen	cruciaal	belangrijk	mooi meegenomen
werkzaamheden	1			
	2			
	3			
	4			
	5			
werkomstandigheden				
werkvoorwaarden				
sociale contacten en arbeidscultuur				
ontwikkelings- mogelijkheden				
begeleiding				

$\rightarrow$

Samenvatting

Mijn ontwikkelingsmogelijkheden hangen af van de volgende cruciale eisen:

1 _____

2 _____

3 _____

Belangrijke ontwikkelingsmogelijkheden:

1 _____

2 _____

3 _____

Ontwikkelingsmogelijkheden die mooi meegenomen zijn:

1 _____

2 _____

3 _____

INSTRUCTIE VOOR DE CLIËNT

Je gaat een zoekprofiel voor jezelf maken. Dit zoekprofiel heb je nodig om straks je ideale werkplek te kunnen vinden. Zo'n zoekprofiel is een beschrijving van de ideale werksituatie waarin jij met jouw kenmerken succes kunt hebben. Het moet een werksituatie zijn waarin jij je kwaliteiten goed kunt laten zien en waarin je zwakke punten zo min mogelijk meespelen. Het hoeft geen bestaande baan te zijn. Het zoekprofiel is een beschrijving van de werksituatie die jou tot je recht laat komen, ongeacht of die situatie bestaat of niet.

Bekijk het zoekprofiel op het werkblad nauwkeurig voordat je het gaat invullen en lees de vragen. In dit zoekprofiel geef je aan welke werkplek, gezien jouw situatie, het beste bij je past. Gewapend met het zoekprofiel ga je straks op zoek naar de echt bestaande werksituaties die het nauwkeurigst voldoen aan je zoekprofiel. Als zo'n situatie niet bestaat, ga je op zoek naar de situatie die daar het dichtst bij in de buurt komt. Om goed te kunnen zoeken, is het belangrijk dat je vooraf nadenkt over het belang van de verschillende punten in je zoekprofiel. Ik laat je nu alleen om je rustig aan het zoekprofiel te laten werken. Je kunt dit zoekprofiel ook thuis uitwerken.

Dit onderzoek kan veel kleine en grote plannen tot gevolg hebben. We nemen de tijd om alle voorlopige conclusies zorgvuldig te bekijken. Neem kleine stapjes. We gaan niet over één nacht ijs.
Bekijk na deze sessie zorgvuldig de vacatures die op je pad komen. Bespreek je zoekprofiel ook met mensen die je goed kent en je een duwtje in de goede richting kunnen geven.

24 GO WITH THE FLOW

Je analyseert succesvolle ervaringen uit het verleden om die te gebruiken voor je toekomst.

VOOR WIE?
- scholieren, studenten, volwassenen
- individueel
- niveau: havo/vwo.

WANNEER?
- als de cliënt positieve aanknopingspunten zoekt of nodig heeft voor zijn toekomstplannen
- wordt veel gebruikt in groepssessies om de deelnemers over hun eigen positieve kwaliteiten te laten nadenken om op grond daarvan de werksituatie te verbeteren.

MOGELIJKE RESULTATEN VOOR DEELNEMERS
- Je kunt uit eigen ervaring conclusies trekken over je kwaliteiten als persoon.
- Je zoekt aansluiting bij wat je goed ligt.

DRAAIBOEK
- inleiding en werkblad (10 minuten)
- de belevenis beschrijven (30 minuten)
- een tweede topwerksituatie beschrijven (30 minuten)
- de ervaringen van werksituatie 1 en 2 met elkaar vergelijken (15 minuten)
- de talenten bespreken die uit deze ervaringen naar voren komen (15 minuten)
- nabespreken (20 minuten).

Totaal: 120 minuten.

INSTRUCTIE

Voorbereiding

Kopieer het werkblad voor de cliënt.

Uitvoering
- Maak de cliënt duidelijk dat gebeurtenissen die zijn werk in het verleden positief gekleurd hebben, van betekenis zijn voor zijn toekomstige carrière. Deel het werkblad uit.
- De cliënt beschrijft op zijn werkblad zijn eerste en vervolgens zijn tweede topervaring aan de hand van de drie hoe's.
- De cliënt beschrijft zijn talenten uit de twee ervaringen. Je helpt hem hier zo nodig uitvoerig bij.

Aandachtspunten en tips

- Let erop dat de cliënt echt een concrete gebeurtenis met je bespreekt en niet een reeks van gebeurtenissen.
- Als de cliënt zijn verhaal aan jou vertelt, beloon hem dan met enthousiaste belangstelling. Geef complimenten en vraag door.

Nabespreking

Bekijk samen de lijst van talenten en vraag je cliënt aan te geven welke talenten hij wil vasthouden als basis voor zijn arbeidsprofiel. Nodig hem uit om deze oefening nog eens te herhalen. Laat hem zien dat het analyseren van topervaringen bij activiteiten een goed aanknopingspunt biedt om zicht te krijgen op wat je kunt en wat je waard bent. En dat dit vooral komt doordat je ervan hebt genoten.

Zoek samen naar mogelijkheden om deze talenten binnen het werk van de cliënt een grotere plaats te geven.

Werkblad – Go with the flow

1. Stel een lijst op van je plezierigste activiteiten van de afgelopen jaren, activiteiten die voor jou kicken waren. Het kunnen werk-activiteiten zijn, maar ook vrijetijds- of studie-activiteiten. Beschrijf de activiteit in een korte zin. Maak de lijst snel en denk er niet te lang over na. Maak de lijst zo lang als je kunt.

2. Neem nu de tijd om vanuit een van die plezierige activiteiten het succesverhaal te schrijven over wat zich toen heeft afgespeeld. Schrijf in de tegenwoordige tijd. Kies eerst het onderwerp of de activiteit die je het sterkst aanspreekt.

   Zorg bij het schrijven dat je in het verhaal de volgende drie hoe's beantwoordt:
   - Hoe raakte ik bij deze activiteit betrokken? (een of twee zinnen is voldoende)
   - Hoe deed ik wat ik deed? (beschrijf dit specifiek en uitgebreid)
   - Hoe voelde ik me hierbij? (ook hier volstaan een paar korte zinnen)

   Het grootste deel van je verhaal moet gaan over hoe *jij* de dingen aanpakte (gebruik de drie hoe's)
   - Ik raakte betrokken bij ...
   - Ik deed ...
   - Ik voelde me ...

   →

3. Doe dit nog een keer met een andere prettige ervaring. Werk die ook uit tot een verhaal (verhaal 2).
   - Ik raakte betrokken bij ...
   - Ik deed ...
   - Ik voelde me ...

4. Analyseer nu samen met je begeleider de twee verhalen om te ontdekken welke talenten erin verborgen liggen.
   In verhaal 1 zie ik de volgende talenten: ...
   In verhaal 2 zie ik de volgende talenten: ...

5. Komen deze talenten, waarvan je zo sterk geniet, in voldoende mate in je huidige werk voor? Zo niet, wat zou je moeten doen om met nog meer plezier te werken?

INSTRUCTIE VOOR DE CLIËNT

In deze oefening gaan we op zoek naar de flow in je werk. Flow is eigenlijk genieten van je eigen talenten in activiteiten die succes opleveren. Het is bekend dat, door deze succesverhalen van jezelf te herbeleven, het je duidelijk wordt waarom je zo graag werkt. Het is de bedoeling om deze positieve ervaringen in te zetten in je werk van morgen.

Neem het werkblad en schrijf twee succesverhalen aan de hand van de drie hoe's. Kijk even of je nu nog vragen hebt. Neem hier rustig de tijd voor (maximaal zestig minuten).

Tijdens de nabespreking lees je je verhaal voor en trekken we conclusies voor je toekomstige werk. Je hebt uit de twee geniet-verhalen de talenten afgeleid die je zo'n sterk flow-gevoel hebben gegeven. Dat kun je ook met andere kick-ervaringen doen. Je kunt daar in de toekomst mee doorgaan. Zo ontstaat langzaam maar zeker een uitgebreide lijst van jouw talenten en vorm je een basis voor je toekomstplannen.

VARIANTEN

Deze werkvorm leent zich zeker zo goed voor groepen. Deel in dat geval de groep op in subgroepjes van maximaal zes personen. De deelnemers maken een lijst van geniet-ervaringen bij activiteiten. Zij kiezen één activiteit uit om over te vertellen. In de subgroep vertellen zij:
- hoe ze ertoe zijn gekomen
- hoe ze het hebben aangepakt en wat ze precies deden
- hoe ze hebben genoten en waarvan precies.

Daarna gaat de verhalenverteller even de gang op. De overige groepsleden schrijven op welke talenten uit dit verhaal blijken. Ze brainstormen hierover en noteren zonder discussie ieder talent dat wordt genoemd. Dan is de volgende deelnemer aan de beurt met zijn verhaal. De deelnemer krijgt zijn lijst van talenten als iedereen zijn verhaal heeft gedaan. Je kunt zelf in de nabespreking de discussie aangaan over hoe de cliënten in de huidige werksituatie hun talenten meer kunnen gebruiken.

25 COMPETENTIEPROFIEL

Je scoort je competenties op een schaal van 0 tot 5 aan de hand van een competentielijst en beoordeelt welke competenties de basis gaan vormen voor werk en loopbaan.

VOOR WIE?
– studenten, volwassenen
– individueel
– niveau: havo/vwo.

WANNEER?
– als je wilt weten wat je sterke kanten zijn in werk en leven
– wordt veel gebruikt in zelfassessments, om de cliënten over hun eigen competenties te laten nadenken en zich ervan bewust te worden.

MOGELIJKE RESULTATEN VOOR DE DEELNEMER
– Je hebt overzicht over relevante competenties voor werk en loopbaan.
– Je wordt je goed bewust van je eigen competenties.

DRAAIBOEK
– een korte inleiding geven (5 minuten)
– de schriftelijke werkvorm uitwerken (90 minuten)
– nabespreken (25 minuten).
Totaal: 120 minuten.

INSTRUCTIE
Voorbereiding
Maak van het werkblad een kopie.

Uitvoering
– Bereid de cliënt voor op een schriftelijk zelfonderzoek waarin competenties belangrijk zijn.
– Sta uitvoerig stil bij het werkblad en de vragen van de cliënt.
– Geef eventueel uitleg over begrippen of waarden in de tekst van het werkblad.
– Ga in de nabespreking na wat deze competentiecheck voor de cliënt betekent in relatie tot zijn huidige werkniveau, zijn toekomstwensen en de competenties die hij beter zou willen leren.

Aandachtspunten en tips
Het kan zijn dat een cliënt zichzelf bijvoorbeeld op het gebied van nauwkeurigheid/accura-

tesse een sterke kandidaat vindt, maar het maakt natuurlijk wel uit of deze accuratesse wordt ingezet op het niveau van een beroepsbeoefenaar die een atoomcentrale beheert of op het niveau van iemand die de bel moet luiden als het pauze is op het werk. Mocht je twijfelen of een cliënt geschikt is voor het werk dat hij in zijn hoofd heeft, laat hem dan een competentie-check (werkvorm 26) doen voor het werkniveau of het soort werk waarin de cliënt geïnteresseerd is.

Nabespreking

Competenties zijn de kwaliteiten die je als professional nodig hebt om te kunnen slagen voor een bepaalde taak, functie of beroep. Je hebt competenties op ieder niveau van werk. Het is wezenlijk om zicht te hebben op competentieniveaus en de daarbij behorende beroepen en financiële salarisschalen. Dat inzicht is nodig om cliënten die anders en meer willen, te kunnen adviseren. Hulpvragen daarbij zijn: zitten jouw topcompetenties al in voldoende mate in je huidige werk? Kun je deze competenties nog verder verbeteren? Word je op het juiste niveau op je competenties aangesproken? Zijn er redenen om naar andere taken, functies of zelfs een ander beroep te gaan zoeken? Is het nodig om bepaalde uitspraken over jezelf te checken? Ga dan eventueel verder met werkvorm 26: *Competentiecheck*.

WERKBLAD – COMPETENTIES

Een competentie is het vermogen om met succes te presteren in een concrete taaksituatie of een concrete probleemsituatie. Effectief en efficiënt handelen dat leidt tot de gewenste resultaten, en doelstellingen behalen op het werk, vereisen een heel complex gedragsrepertoire. Emoties, houding, waarden, normen, je aanpassen aan situaties en dergelijke komen allemaal tot uiting in het werkgedrag, in de manier waarop iemand zijn werk doet en de indruk die dat op anderen maakt. Een competentie steunt op een combinatie van kennis, vaardigheden en persoonlijkheid.

Ik vraag je om scores van 0 tot 5 toe te passen. Een competentie krijgt de waardering 0 als jij vindt dat jij absoluut niet beschikt over deze competentie. Een competentie krijgt de waardering 5 als jij vindt dat jij op dat punt ijzersterk bent. Geef bij extreem hoge scores en/of lage scores voorbeelden van situaties waarin jij deze competenties al of niet hebt laten zien.

Nr	Naam	Omschrijving	Zelfbeoordeling
1	Assertiviteit	op een niet kwetsende, tactvolle manier opkomen voor de eigen mening, behoeften of belangen	
2	Besluitvaardigheid	beslissingen durven nemen of acties durven ondernemen, ook als je niet alle gevolgen van alle alternatieven kent, of bij sterk conflicterende belangen	
3	Coachen (Ontwikkelen)	het bereiken van persoonlijke doelen stimuleren door kennis, competenties en talenten te laten ontwikkelen. Als leidinggevende: het bereiken van *functiedoelen* stimuleren.	
4	Conflicthantering	belangentegenstellingen met een grote emotionele lading op een tactvolle wijze hanteren en oplossen	
5	Confronteren (Feedback geven)	op een directe manier het gedrag van de ander ter sprake brengen, zodat deze zich bewust wordt van zijn gedrag en de effecten daarvan op anderen	
6	Creativiteit/ Vindingrijkheid	met originele oplossingen komen voor problemen die met de functie verband houden en door verbeeldingskracht nieuwe werkwijzen bedenken	
7	Delegeren	verantwoordelijkheden aan medewerkers toe-delen, waarbij je de aanwezige tijd, vaardigheden en potentieel van de medewerkers gebruikt	
8	Doelgerichtheid/ Resultaatgerichtheid	zich ondanks problemen, tegenslag, tegenwerking of afleidingen blijven richten op het bereiken van het doel	
9	Doorzettingsver-mogen/Volharding	zich gedurende langere tijd intensief met een taak bezighouden en vasthouden aan een opvat-ting of plan totdat het beoogde doel bereikt is	
10	Durf (Risico's durven nemen)	gecalculeerde risico's aangaan om uiteindelijk een bepaald herkenbaar voordeel te behalen	
11	Flexibiliteit/ Aanpassings-vermogen	zich gemakkelijk aanpassen aan een veranderende omgeving, veranderende werk-wijzen, werktijden, taken, verantwoordelijkheden, beleidswijzigingen en gedragingen van anderen	

Nr	Naam	Omschrijving	Zelfbeoordeling
12	Gespreksvaardigheid	in gesprekken zodanig structureren, optreden en interveniëren dat het beoogde resultaat op effectieve wijze wordt bereikt	
13	Initiatief (Zelfstandigheid/ Pro-actief handelen)	problemen of belemmeringen signaleren en zo snel mogelijk oplossen. Alert zijn op en anticiperen op kansen, nieuwe situaties of problemen, en er in een vroeg stadium naar handelen.	
14	Innovatie/ Vernieuwingsgericht-heid	zich met een onderzoekende en nieuwsgierige geest richten op de toekomstige vernieuwing van strategie, producten, diensten, markten	
15	Klantgerichtheid (Klantvriendelijkheid)	een hoge prioriteit geven aan de tevredenheid van klanten of medewerkers, en aan het verlenen van service of hulp en daarnaar handelen	
16	Cognitief leervermogen	nieuwe informatie en ideeën snel analyseren, verwerken en in zich opnemen en deze effectief toepassen in de werksituatie	
17	Interactief leervermogen	leren uit interactie, samenwerking en communicatie met anderen en de leerpunten snel omzetten in effectiever, interpersoonlijk gedrag	
18	Luisteren	interesse tonen en belangrijke informatie oppakken uit mondelinge gesprekken	
19	Mensgericht leiderschap	op een stimulerende manier richting en begeleiding geven aan medewerkers, je stijl en methode van leidinggeven aanpassen aan betrokken individuen en samenwerking stimuleren	
20	Mondelinge uitdruk-kingsvaardigheid	ideeën, meningen, standpunten en besluiten in begrijpelijke taal aan anderen duidelijk maken, afgestemd op de toehoorder	
21	Omgevingsbewust-zijn	goed geïnformeerd zijn over organisatorische, economische, maatschappelijke en politieke ontwikkelingen of andere omgevingsfactoren	
22	Onafhankelijkheid	zelfstandig een mening of oordeel vormen of actie ondernemen, zonder zich te laten beïnvloe-den door anderen en een eigen koers varen	

Nr	Naam	Omschrijving	Zelfbeoordeling
23	Onderhandelen	optimale resultaten boeken bij gesprekken met tegenstrijdige belangen, zowel op inhoudelijk gebied als op het gebied van het goed houden van de relatie	
24	Oordeelsvorming	gegevens en handelwijzen in het licht van relevante criteria tegen elkaar afwegen en tot onderbouwde beoordelingen komen	
25	Organisatie-sensitiviteit	zich bewust tonen van de invloed en de gevolgen van beslissingen en gedragingen van mensen in een organisatie	
26	Overwicht (dominantie, impact)	van nature invloed uitoefenen op anderen en als autoriteit geaccepteerd worden	
27	Plannen en organiseren	op effectieve wijze doelen en prioriteiten bepalen en benodigde tijd, acties, middelen en mensen aangeven en vervolgens doelmatig organiseren om deze doelen te kunnen bereiken	
28	Presenteren	je eigen visie, ideeën of mening duidelijk en zo nodig boeiend of enthousiasmerend over-brengen op anderen	
29	Probleemanalyse	tot een goed inzicht in problemen komen door belangrijke gegevens te achterhalen en te onderzoeken en door verbanden te leggen om de oorzaak te vinden	
30	Samenwerken	bijdragen aan een gezamenlijk resultaat door een optimale afstemming tussen de eigen kwaliteiten en belangen én die van de groep/de ander	
31	Schriftelijke uitdruk-kingsvaardigheid	ideeën, meningen, standpunten en besluiten in begrijpelijke en correcte taal op schrift stellen, afgestemd op de lezer	
32	Stressbestendigheid	effectief blijven presteren onder tijdsdruk, druk van meerdere of moeilijke taken, sociale druk, of bij tegenslag, teleurstelling, tegenspel of crises	
33	Taakgericht leiderschap	op een resultaat- en doelgerichte wijze richting en sturing geven aan medewerkers, afdelings- en functiedoelen formuleren, taken verdelen, instructies geven, afspraken maken, en de voort-gang bewaken en corrigeren	

Nr	Naam	Omschrijving	Zelfbeoordeling
34	Tact/ Sensitief gedrag	zodanig inspelen op de gedachten, gevoelens, het standpunt of de situatie van de ander dat onnodige irritaties voorkomen of weggenomen worden	
35	Technisch inzicht/ gevoel	inzicht in c.q. feeling voor praktisch-mechanische en natuurkundige wetmatigheden	
36	Voortgangs- bewaking	anticiperen op en bewaken van de voortgang van gemaakte afspraken en plannen	
37	Visie	een inspirerend toekomstbeeld voor de organi- satie, afdeling, producten, en diensten ontwik- kelen en uitdragen, afstand nemend van de dagelijkse praktijk	
38	Zelfsturing (Zelfmanagement)	Een combinatie van: 1. Zelfmanagement: een eigen koers kiezen en realiseren in en buiten de organisatie, rekening houdend met de eigen sterke en zwakke kanten, interesses, waarden en ambities 2. Zelfkennis: inzicht in de eigen identiteit, waar- den, overtuigingen, sterke en zwakke kanten, kwaliteiten, competenties, interesses, ambities en gedragingen 3. Zelfontwikkeling: inzicht verwerven in de eigen identiteit, waarden, sterke en zwakke kanten, interesses en ambities en op basis hiervan acties ondernemen om zo nodig competenties verder te ontwikkelen	
39	Zorgvuldigheid/ Accuratesse	anticiperen op en bewaken van de voortgang van gemaakte afspraken en plannen	

Geef hier aan welke competenties je wilt benutten voor je toekomstplannen.

1 _____

2 _____

3 _____

4 _____

5 _____

INSTRUCTIE VOOR DE CLIËNT

Deze werkvorm gaat over competenties. Een competentie is het vermogen om met succes te presteren in een concrete taaksituatie of een concrete probleemsituatie. Effectief en efficiënt handelen dat leidt tot de gewenste resultaten, tot het behalen van doelstellingen op het werk, vereisen een heel complex gedragsrepertoire. Emoties, houding, waarden, normen, je aanpassen aan situaties en dergelijke komen allemaal tot uiting in jouw werkgedrag, in de manier waarop je je werk doet en de indruk die dat op anderen maakt. Een competentie steunt op een combinatie van kennis, vaardigheden en persoonlijkheid.

Organisaties weten welke competenties ze bij voorkeur in hun medewerkers willen herkennen. Het zijn selectiecriteria om een nieuwe medewerker aan te nemen. Dus als je goed weet wat jouw beste competenties zijn, scheelt dat in het beoordelen of bepaald werk ook bij je zal passen. Daarom doen we deze opdracht.

Ik geef je het bijbehorende werkblad. Neem de tijd om de beschrijvingen van de competenties te lezen. Welke vragen heb je nog? Scoor de competenties op een schaal van 0 tot 5.

Ga aan het werk met het werkblad. Misschien kom je nog woorden tegen waar je uitleg over wilt. Ik ben in de buurt om je vragen te beantwoorden.

We bespreken na welke competenties centraal staan en beslist een rol moeten spelen in je huidige of toekomstige werk.

VARIANTEN

Deze opdracht kan ook goed in groepen worden uitgevoerd. De groepsleden discussiëren met elkaar over wat ze hebben ingevuld. Ze kunnen ook een competentie toevoegen die de ander van zichzelf niet heeft genoemd, maar die de groepsleden wel zien.

DE KRACHT VAN COMMUNICATIE

Communicatie is de verzameling signalen, die waargenomen en geïnterpreteerd kunnen worden, al dan niet in overeenstemming met de bedoeling van de zender van die signalen (Piët, 2007). We hebben elkaar nodig om te overleven en bereiken elkaar via communicatie. Het is voor mensen onmogelijk niet te communiceren. Zelfs als ik niet communiceer, breng ik de boodschap over dat ik geen contact wil. Zender en ontvanger vormen samen een communicatiesysteem. Zij beïnvloeden elkaar direct en wederzijds in het communicatieproces.

Communicatie brengt twee boodschappen tegelijk over. Eén boodschap vertelt iets over de relatie tussen zender en ontvanger. De andere boodschap vertelt iets over de inhoud.

Het communicatiebereik is in de loop der tijden ingrijpend veranderd. Via internet kunnen we tegenwoordig communiceren met mensen die zich op een andere locatie en in een andere tijdzone bevinden. Tegelijk bieden tal van telecommunicatiemogelijkheden ons onbeperkte toegang tot informatie, maar ook de mogelijkheid tot participatie in heel diverse communicatieprocessen. Denk aan vacaturebanken, datingsites, chatmogelijkheden, relatienetwerken, gaming.

De loopbaanontwikkeling van je cliënt komt ook tot stand door communicatie met anderen. Ouders, partners, collega's, personeelsconsulenten en direct leidinggevenden communiceren met hem of met elkaar over de loopbaanstappen die hij wil nemen. Deze communicatie vindt spontaan plaats en kent veel ruis en misverstanden. Veel informatie waarover de andere actoren beschikken, bereikt de cliënt niet als hij er niet zelf naar vraagt. Door goed te communiceren met andere actoren heeft hij een positieve invloed op zijn loopbaankansen. Het is daarom de moeite waard om deze loopbaancommunicatie zorgvuldig en systematisch te begeleiden.

In dit hoofdstuk komen de volgende werkvormen aan bod:
- Competentiecheck
- POP-gesprek
- Elevator pitch
- Anders kijken naar hetzelfde
- Sollicitatievragen.

26   COMPETENTIECHECK

Je zoekt feedback over je eigen competenties via een interview met kritische bekenden.

VOOR WIE?
– studenten, volwassenen
– individueel
– niveau: mavo/havo.

WANNEER?
– om je zelfbeeld te toetsen
– wordt vaak gebruikt om nieuwe ideeën op te doen over jezelf en je kwaliteiten of bestaande ideeën te toetsen
– met 360-gradenfeedback is veel ervaring opgedaan in het bedrijfsleven.

MOGELIJKE RESULTATEN VOOR DE DEELNEMER
– Je ontdekt de waarde van georganiseerde feedback.
– Je leert je eigen competenties steeds beter kennen.
– Je selecteert bepaalde competenties die je na aan het hart liggen.
– Je toetst de opvattingen van de ander aan je eigen mening.
– Je schaaft aan je competenties.

DRAAIBOEK
– competenties selecteren (10 minuten)
  het werkblad bestuderen (20 minuten)
– feedbackgevers kiezen (onbekend)
– interviewen en competentielijsten laten scoren (onbekend)
– feedbackgesprekken evalueren (40 minuten).
Totaal: de vaste onderdelen duren 70 minuten.

INSTRUCTIE
Voorbereiding
– Kopieer het werkblad voor de cliënt(en).
– Zie voor de volledige competentielijst het werkblad van werkvorm 25, *Competentieprofiel*.

Uitvoering
– Leg uit wat competenties zijn (zie werkvorm 25, *Competentieprofiel*).
– Motiveer je cliënt voor deze opdracht, want feedback helpt meer zekerheid en meer nuance te krijgen in opvattingen over jezelf.

- Laat de cliënt de competenties selecteren die hij verder wil uitdiepen en toetsen.
- Laat de cliënt mensen selecteren die hij wil interviewen en ondervraag hem daarover: waarom juist die mensen?
- Help bij het formuleren van interviewvragen.
- Voer een oefeninterview uit met de cliënt.
- Stel een tijdsplanning op voor de interviews en het verzamelen van de gegevens.
- De cliënt gaat aan de slag en maakt een overzicht van de ingewonnen gegevens in verge- lijking met zijn eigen standpunten over de gevraagde competenties.
- Maak een afspraak voor de nabespreking.

Aandachtspunten en tips
- Let goed op dat de cliënt precies weet wat hij zijn te interviewen personen wil vragen.
- Wees bedacht op onverwachte effecten van de interviews. Let goed op signalen van weer- stand bij je cliënt tegen de door de geïnterviewden aangereikte informatie.

Nabespreking
Aan cijfers alleen heb je niks, het gaat om de argumenten achter de cijfers. Geef je cliënt de gelegenheid om vooral die achtergronden toe te lichten. Welke waarde hecht hij aan de feed- back, op grond van die achtergronden en zijn eigen overtuiging? Wat zijn de conclusies die de cliënt nu trekt voor zijn toekomstplannen?
Wat zijn de consequenties die de cliënt nu uit de interviews trekt voor het vervolgtraject in zijn loopbaan?

Werkblad – Competentiecheck

1. Voor de interviews
Geef elk van de onderstaande competenties een cijfer tussen 1 en 5 en geef argumen- ten.

5 = goed	Dit is een sterke competentie. Daar hoef je niet meer aan te sleutelen.
4 = voldoende	Deze competentie is voldoende ontwikkeld.
3 = matig	Deze competentie zou je verder moeten ontwikkelen.
2 = zwak	Deze competentie is onvoldoende en kan alleen met de nodige trai- ning sterker worden.
1 = onvoldoende	Deze competentie is zo slecht dat je de taken die je op het oog hebt niet kunt uitoefenen.

→

Voorbeeld van een cijferlijst bij de competenties en de argumenten die bij dit cijfer horen:

Contactuele eigenschappen	cijfer	argument voor het cijfer
Samenwerken Flexibiliteit/Aanpassingsvermogen Stressbestendigheid Zelfsturing Zelfstandigheid Mensgericht leiderschap		

(zie voor de complete competentielijst werkvorm 25)

Welke van deze competenties wil je checken bij de mensen die je gaat interviewen? Wat wil je te weten komen over die competenties?
Stel vragen op die de te interviewen personen moeten beantwoorden, zodat jij een beter beeld krijgt of je in de werksituatie past die je voor ogen hebt of juist niet.
Maak een goede planning.

2. Tijdens de interviews (neem het gesprek op op een voicerecorder)
Laat de te interviewen personen jou ook scoren op de competenties die jij voor het gesprek geselecteerd hebt. De geïnterviewden geven in een gesprek hun argumenten over hoe zij deze competentie in jou herkennen.

3. Na de interviews
Maak een overzicht van de gegevens die uit de interviews komen en vergelijk die met je eigen argumenten. Trek conclusies die voor je toekomst van belang zijn.

INSTRUCTIE VOOR DE CLIËNT
Je wilt graag weten hoe het met je competenties gesteld is en of je geschikt bent voor een bepaald werkniveau of een bepaalde werkplek. Je gaat interviews houden met drie tot vijf mensen.
Feedback krijgen is altijd spannend. Je gaat erop uit om anderen te vragen hun mening over jou te geven. Het gaat om mensen die je goed kent en die je vertrouwt. Het is de bedoeling om deze drie tot vijf mensen diepgaand te interviewen over die competenties of punten die jij

belangrijk vindt, maar waar je ook onzeker over bent.

Deze werkvorm kost nogal wat tijd, al is dat wel afhankelijk van de manier waarop jij de gesprekken aanpakt. Het kan je, als je er helemaal voor openstaat, snel een aantal stappen verder brengen.

Zoek naar drie tot vijf betrouwbare mensen die je wilt interviewen en voorzie welke problemen er kunnen ontstaan in die gesprekken.

Ik deel het werkblad uit. Lees het werkblad goed door en maak deel 1.

Denk goed na over welke mensen je wilt interviewen. Bel hen op, zeg wat de bedoeling is en maak een afspraak.

Ik bied mezelf als eerste aan voor je interview. Zo doen we samen een oefengesprek, zodat jou duidelijk wordt welke vragen je moet stellen en hoe je het gesprek kunt sturen in de door jou gewenste richting. Na de interviews interpreteren we samen de scores en de achterliggende argumenten.

Je geeft aan over welke punten in je functioneren je meer van anderen zou willen weten. Je kunt daarbij teruggrijpen op een bestaande lijst van competenties (zie werkvorm 25, *Competentieprofiel*) of zelf onderwerpen aangeven.

Per competentie of door jou ingebracht onderwerp, formuleer je een of twee vragen. Als het bijvoorbeeld gaat om de competentie *Samenwerken*: Vind je dat ik goed kan samenwerken? Wat typeert mijn manier van samenwerken? Op welke punten zou ik, als het over samenwerken gaat, nog wat bij kunnen leren? Neem het gesprek op met de voicerecorder.

Je maakt een tijdschema om met de mensen van je netwerk een interview te houden (telefonisch, mondeling). Je legt aan de te interviewen kandidaten van tevoren uit waarom je dit doet, wat je wilt vragen en wat je met de antwoorden op de drie vragen van plan bent. Je stelt aan elke te interviewen persoon dezelfde vragen. Als het interview af is, leg je de geïnterviewde als afronding van het gesprek een scorelijstje voor en je vraagt hem per competentie of door jezelf ingebracht onderwerp een score tussen 0 en 5 in te vullen.

Maak ter bevestiging van de afspraken een bericht waarin staat wat je wilt vragen, waarom en op welk tijdstip, zodat deze persoon zich kan voorbereiden en jij niet voor een dichte deur staat. Als je interview klaar is, leg je hem je beoordelingslijstje (zie werkblad) voor, zodat hij weet wat er met zijn score bedoeld wordt. Wanneer je van elk interview de scores bij elkaar geteld hebt en je eigen scores eraan hebt toegevoegd, ga je de gesprekken met je begeleider evalueren, zodat je klaar staat voor je volgende loopbaanstap.

VARIANTEN

De procedure kan via de e-mail worden uitgevoerd in plaats van met real-life-interviews.

27 POP-GESPREK

Je maakt je sterke en zwakke kanten bespreekbaar bij het voorbereiden van een POP-gesprek.

VOOR WIE?
– volwassenen
– individueel
– niveau: mavo/havo.

WANNEER?

– steeds wanneer je in werksituaties terechtkomt waardoor je belemmerd wordt in je functioneren
– bij coachingsgesprekken.

MOGELIJKE RESULTATEN VOOR DE DEELNEMER
– Je kunt je eigen sterke en zwakke kanten bespreekbaar maken.
– Je weet duidelijk wat je wilt met dit gesprek.
– Je bent weerbaar om je zaak goed te verdedigen bij je meerdere.

DRAAIBOEK
– de begeleidingsprocedure van het bedrijf waar de cliënt werkt, bestuderen (vooraf)
– deze werkvorm uitleggen en het werkblad bespreken (15 minuten)
– de cliënt de vragen van het werkblad laten maken (30 minuten)
– uitgebreide bespreking van het werkblad:
   a. de doelen die de cliënt zich stelt verifiëren en bekijken of die haalbaar zijn (15 minuten)
   b. afwegen welke persoonlijke onderwerpen de cliënt tijdens het POP-gesprek wil inbrengen om zijn carrière vorm te geven (20 minuten)
   c. een oefengesprek houden om de cliënt sterker te maken voor het echte gesprek (20 minuten)
   d. de strategie bepalen voor het echte POP-gesprek (10 minuten).
Totaal: 110 minuten.

INSTRUCTIE
Voorbereiding
Kopieer het werkblad voor je cliënt. Verifiëer hoe de POP-gesprekken op het werk van de cliënt geregeld zijn.

Uitvoering
Help de cliënt om doelen te formuleren voor het POP-gesprek. Wat wil hij over het voetlicht

brengen? Wat wil hij als winst uit het gesprek halen? Laat de cliënt de vragen van het werk-blad schriftelijk beantwoorden. Bespreek met de cliënt waar hij voor op moet passen. Wat is zijn valkuil in dit soort gesprekken? Wat is meestal de stijl van praten van zijn direct leidingge-vende en hoe kun je daar het beste op reageren?

Neem samen de onderwerpen door van het werkblad, zodat de cliënt ze goed begrijpt.

Houd een oefengesprek en speel zelf de leidinggevende. Evalueer deze oefening vanuit de val-kuilen en doelen van de cliënt. Spreek het resultaat goed door. Spreek een definitieve gespreksstrategie af die de cliënt gaat gebruiken voor zijn POP-gesprek. Evalueer het POP-gesprek als het heeft plaatsgevonden.

Aandachtspunten en tips
- Zorg ervoor dat de cliënt met zelfvertrouwen het gesprek in kan gaan.
- Help (indien nodig) de cliënt zijn mening onder woorden te brengen.
- Nodig hem uit zijn antwoorden te bespreken met een dierbare collega als check.
- Besteed extra veel tijd aan anticiperen op het gespreksgedrag van de leidinggevende als die genoemd wordt als een struikelpunt in het POP-gesprek.

Nabespreking
Bespreek de antwoorden samen en trek conclusies over hoe de werksituatie nu is en waar het naartoe moet met de carrière van je cliënt. Bespreek een strategie voor het gesprek met de lei-dinggevende.

Werkblad – POP-gesprek

Beantwoord de volgende vragen schriftelijk.

1 Beschrijf je huidige expertise als professional: de kennis en ervaring die je hebt opgedaan door je beroepsopleiding, door je specifieke werkzaamheden in de prak-tijk, door bijscholing.
2 Beschrijf je kernkwaliteiten als professional, je valkuilen, je allergie en wat je op basis hiervan zou willen versterken, leren of ontwikkelen.
   Toelichting:
   - Kernkwaliteiten zijn de kwaliteiten waarmee jij in je kracht staat en optimaal functioneert. Je geeft hierbij antwoord op de vraag waardoor jij in je werk nu juist op unieke wijze goed bent.
   - Valkuilen: dit zijn de situaties die ontstaan als je je eigen kernkwaliteiten over-drijft. →

- Allergie: dit zijn situaties of personen die trendmatig een sterke weerzin of ergernis bij je oproepen (de rode lap op een stier).

3 In het werk stuit je op botsende waarden, belangen of behoeften, die je tegelijkertijd tot hun recht wilt laten komen. Een vaak voorkomend voorbeeld hiervan is het dilemma tussen het tempo van je activiteiten en de kwaliteit van je activiteiten. Beschrijf wat je persoonlijke, professionele dilemma's zijn in de praktijk van je werk en hoe je hiermee omgaat.

4 Geef je ontwikkelwensen en leerpunten aan.

5 Beschrijf de actiepunten op korte termijn (dit zijn jouw voornemens om ervoor te zorgen dat je plannen gerealiseerd worden).

6 Geef je leersituatie en scholingswensen aan.

7 Geef aan welke ondersteuning je denkt nodig te hebben en/of welke hulpmiddelen nodig zijn om je ontwikkelingsplannen te realiseren.

8 Beschrijf de planning en de afspraken voor (tussentijdse) evaluatie.

INSTRUCTIE VOOR DE CLIËNT

Je Persoonlijk OntwikkelPlan (POP) is het uitgangspunt in deze werkvorm. De werkvorm gaat over hoe jij je het beste (binnen het gegeven van de bedrijfsstructuur) kunt presenteren en promoten. Bedenk hoe het er bij jou op het werk normaal gesproken aan toe gaat, welke procedures er gelden. Het is altijd goed om je intensief voor te bereiden op een gesprek met je leidinggevende, zeker als je zelf mag aangeven welke behoeften en wensen jij hebt. Vul nu het werkblad in om je goed voor te bereiden op de vragen die de leidinggevende jou over je wensen gaat stellen.

We bespreken samen het werkblad en zetten op een rij hoe je je POP-gesprek wilt aanpakken. Zo nodig gaan we dit gesprek ook oefenen en in scène zetten, zodat je het straks met meer zelfvertrouwen kunt voeren. Na afloop van het echte POP-gesprek bekijken we hoe je het er vanaf hebt afgebracht en wat de volgende stappen zijn.

VARIANTEN

In groepssessies kunnen cliënten elkaar coachen om zo'n gesprek goed te voeren. Dat vraagt wel enig niveau van de cliënten. De instructies van de begeleider en de cliënt zelf vormen dan de leidraad voor het elkaar ondersteunen bij het voorbereiden van een POP-gesprek.

28   ELEVATOR PITCH

Je oefent om jezelf in een paar woorden kernachtig te presenteren.

VOOR WIE?

- studenten, volwassenen
- individueel
- niveau: mavo/havo.

WANNEER?

- iedereen die wil netwerken en communiceren over zijn kwaliteiten, moet zo'n promotie-praatje paraat hebben
- in verkooptrainingen wordt veel met deze werkvorm gewerkt.

MOGELIJKE RESULTATEN VOOR DE DEELNEMER

- Je presenteert je op zo'n manier dat er naar je wordt geluisterd.
- Je bent er onder alle omstandigheden op voorbereid om zinnige dingen over jezelf te zeggen: je kunt jezelf verkopen.
- Je kunt in netwerkcontacten snel en adequaat aangeven wie je bent en wat je wilt en zoekt.

DRAAIBOEK

- doel en nut van de oefening elevator pitch bespreken (5 minuten)
- uitleggen hoe zo'n elevator pitch werkt (10 minuten)
- verschillende versies van een elevator pitch uitschrijven die van pas kunnen komen (30 minuten)
- samen onderwerpen bespreken; misinformatie en/of vrijpostigheden worden geschrapt (5 minuten)
- samen de elevator pitch spelen (20 minuten)
- nabespreking (10 minuten).

Totaal: 80 minuten.

INSTRUCTIE

Voorbereiding

Kopieer het werkblad voor de cliënt.

Uitvoering

- Geef uitleg over de zin van de werkvorm: het doel van deze werkvorm is om voor iedere gelegenheid die zich voordoet, een praatje van één minuut bij de hand te hebben om jezelf in de markt te zetten. Vrij vertaald betekent *elevator pitch* 'een verkooppraatje in de lift'. De opgave is om in de tijd van een ritje met de lift jezelf te presenteren als de ideale oplossing voor het probleem van je gesprekspartner.

- Laat de cliënt zijn praatje uitschrijven en spreek dat samen kritisch door. Zie de tekst van het werkblad en deel het werkblad uit.
- Vraag de cliënt (als daar tijd voor is) zijn praatje thuis voor de spiegel te oefenen en laat hem daarna voor jou zijn praatje houden en geef hem daarover feedback.
- Ofwel: de cliënt schrijft enkele van zijn teksten van één minuut volledig uit. De cliënt probeert die op jou uit. Je leidt het simulatie-pitchgesprek in en zorgt voor de nodige interactie. Met andere woorden: je speelt de geïnteresseerde andere.
- Geef commentaar op de pitch voordat de cliënt deze echt in praktijk brengt.
- Ga eventueel later nog eens evalueren als de cliënt zijn pitch ergens in praktijk heeft gebracht.

Aandachtspunten en tips

Bij iedere cliënt gelden weer andere punten van aandacht. Bij de een is het zijn stem, houding en expressiviteit. Bij de ander gaat het om kernachtig formuleren. Bij een derde is het geloven in wat je zegt.

Nabespreking

Deze vindt plaats nadat de cliënt al een of twee keer in de praktijk geëxperimenteerd heeft met zijn pitch. Je vraagt wat de pitch de cliënt opgeleverd heeft. Moet daar nog iets aan worden bijgesteld? De persoon en de inhoud van zijn verhaal moeten wel congruent zijn.

Werkblad – Elevator pitch

Hoe maak je een elevator pitch?

- Begin de elevator pitch met een sprankelende binnenkomer om de aandacht van je gesprekspartner te trekken. Vervolgens vertel je wie je bent, waar je voor staat en wat je kracht is. Vanzelfsprekend spreek je enthousiast en overtuigend, want als jij niet in jezelf gelooft, doet niemand het. Sluit af met een verzoek dat een geïnteresseerde indruk maakt en zorg ervoor dat je goed in de gedachten van je gesprekspartner blijft hangen. Vraag (als dat te pas komt) bijvoorbeeld naar adresgegevens om je cv op te sturen.
- De basis van iedere elevator pitch is zelfkennis. Je kunt iemand niet vertellen wat je wilt als je dat zelf niet weet.
- Je moet je verhaal in ongeveer een minuut kunnen vertellen. Dit betekent dat je honderd tot tweehonderd woorden hebt. Een korte, krachtige presentatie geven is lastig en vergt veel voorbereiding en oefening.

→

- Zet verschillende versies op papier, slaap er een nachtje over en oefen voor je partner en je vrienden.
- Iedere situatie is anders. Toch moet je de elevator pitch altijd paraat hebben. Dat lijkt tegenstrijdig, maar is het niet. Je bent voorbereid op uiteenlopende situaties als je de presentatie in verschillende stukjes opdeelt. Afhankelijk van de situatie gebruik je die onderwerpen die je nodig hebt. Als je weet dat je gesprekspartner veel nadruk op een degelijke opleiding legt, ga je extra in op je wapenfeiten tijdens je studie. Vindt je gesprekspartner zelfstandigheid belangrijk? Vertel dan over je ervaringen in het buitenland of iets vergelijkbaars.
- Om de teksten op te bouwen, bedenk je een paar goede zinnen bij alle onderwerpen die in je elevator pitch van belang kunnen zijn. Ook verzamel je verschillende openingszinnen en manieren om af te sluiten. Onderwerpen die je in ieder geval kunt voorbereiden zijn: studie en opleiding, werkervaring, speciale vaardigheden, geslaagde projecten, je manier van werken, of je specialist of generalist bent, wat voor jou belangrijk is, wat je wilt bereiken en jouw unieke kenmerken.
- Zorg ervoor dat je elevator pitch overeenkomt met het beeld dat je van jezelf wilt geven en dat dit niet tegenstrijdig is met gegevens die je in je cv of je sollicitatiebrief hebt staan. Het is een manier om jezelf te verkopen – een marketinginstrument –, maar het moet wel een realistisch beeld van jezelf geven.

INSTRUCTIE VOOR DE CLIËNT

Waar heb je een elevator pitch voor nodig? De elevator pitch is een kernachtig statement over je werk, dat je goed weet te brengen op momenten dat het ertoe doet. Stel dat je op een feestje onverwachts wordt voorgesteld aan de directeur van een bedrijf waar je graag zou werken. Hij vraagt wat je zoal doet en na een paar seconden bedenktijd is het enige wat je kunt uitbrengen: 'Ja, eh, iets met computers.' Helaas, je hebt de kans van je leven gemist. De ogen van je gesprekspartner zoeken al naar iemand anders om mee te praten. Hoe anders had het kunnen lopen als je hem had kunnen uitleggen dat je een kei van een webdesigner bent?

De elevator pitch kan van pas komen in de meest uiteenlopende situaties, bijvoorbeeld tijdens een congres of seminar, op feestjes of in de pauze van een theatervoorstelling. Ook bij sollicitaties is de elevator pitch een nuttige oefening. Wie kent niet de gevreesde startvraag: 'Zo, vertelt u maar eens iets over uzelf'? Met de juiste voorbereiding heb je altijd een vloeiend en passend antwoord paraat. Zorg er dus voordat je altijd een praatje paraat hebt, een korte presentatie waarin je enthousiast vertelt wie je bent en waar je goed in bent. Voor je je praatje in praktijk brengt, zullen we oefenen hoe zo'n praatje werkt en eventueel nog wijzigingen aanbrengen.

VARIANTEN

Je kunt er een voicerecorder of videorecorder bij gebruiken en zo de elevator pitch oefenen en de oefening nabespreken.

29 ANDERS KIJKEN NAAR HETZELFDE

Je ontdekt andere gezichtspunten van je loopbaankwestie met behulp van *de zes hoeden van De Bono*.

VOOR WIE?
– studenten, volwassenen
– een groep van maximaal tien personen
– niveau: havo/vwo.

WANNEER?
– in situaties waarin van tevoren onduidelijk is wat een goede oplossing voor het probleem zou kunnen zijn
– wordt frequent toegepast in groepssessies over bedrijfsbeleid of over organisatieproblemen, maar kan ook goed worden ingezet bij loopbaankwesties.

MOGELIJKE RESULTATEN VOOR DE DEELNEMER
– Je leert andere meningen kennen.
– Je krijgt keuzemogelijkheden waar je nog niet aan hebt gedacht.
– Je kunt je in een nieuwe situatie zo inleven dat er meer oplossingen mogelijk zijn.
– Je kunt je beter inleven in de standpunten van een ander.

DRAAIBOEK
– een vraag, idee of dilemma lanceren en een kleine toelichting geven (5 minuten)
– denkbeeldig een van de hoeden van De Bono opzetten en op het onderwerp ingaan (30 minuten)
– antwoorden kritisch bekijken; de cliënt legt uit wat hij eraan heeft (5 minuten)
– het probleem herformuleren en tips verwerken die via de 'hoeden' zijn verkregen (8 minuten)
– nabespreken (7 minuten).
Totaal: 55 minuten.

INSTRUCTIE
Voorbereiding
Kopieer het werkblad *De zes hoeden van De Bono*.

Uitvoering
– Besteed veel aandacht aan de start van de werkvorm. Wat is precies het discussie- of brainstormthema van de cliënt, dat centraal staat? Motiveer iedereen om daarop positief te reageren.

- Leg uit welke denkhoeden er zijn en wat die hoeden inhouden.
- Spreek af wie (in gedachten) welke hoed op doet.
- Geef de cliënt het woord om zijn situatie toe te lichten.
- Als de cliënt klaar is, geef je de groepsleden de kans om vrijuit vanuit hun hoedperspectief te reageren, en meningen en vragen op te roepen. Zorg ervoor dat alle denkhoeden hun visies geven. Lok eventueel verdere discussie uit tussen de hoeden.
- Zorg ervoor dat de cliënt niet meepraat, maar wel luistert en aantekeningen maakt.

Aandachtspunten en tips
- Deze werkvorm valt of staat met zo veel mogelijk reacties vanuit alle invalshoeken. Zorg ervoor dat degene die reageert, trouw blijft aan de visie van de kleur van de hoed.
- Tijdens de reactie van de anderen mag de cliënt zelf geen reactie geven. Hij luistert en schrijft op wat hem als belangrijk treft. Als iets niet duidelijk is, kan hij in de nabespreking om uitleg vragen.
- Stop de discussie als de groep te veel in herhaling valt.

Nabespreking
Vraag de cliënt naar de ervaring van deze oefening. Vraag vooral door op wat de cliënt in de reacties van de verschillende hoeden heeft aangesproken en welke aspecten nu meer nadruk krijgen in zijn beleving.

Werkblad – De zes hoeden van De Bono

De zes hoeden van De Bono staan voor zes manieren om naar een probleem, een idee, een overtuiging, een probleem te kijken of die zelfs op te lossen. Elk van de denkhoeden vertegenwoordigt een bepaalde denkstijl, perceptie of referentiekader en aan elk daarvan heeft De Bono een specifieke kleur toegekend.
Iedere deelnemer kruipt in de rol van de kleur hoed die hij krijgt toebedeeld. Deze hoeden maken het mogelijk om dingen te denken en uit te spreken die je anders nooit had kunnen denken of zeggen. Op deze manier wordt het onderwerp, in ons geval een loopbaanonderwerp, van alle kanten onder de loep genomen. Het gevolg is dat de oplossing of de onmogelijkheid ervan dichterbij komt.

Er zijn zes kleuren hoeden:
- wit: degene die deze hoed draagt, vraagt de vragensteller naar de feiten, de beschikbare informatie en de cijfers achter de vraag.
- rood: met deze hoed ga je emotioneel, met intuïtie en ingevingen in op de vraag. →

- zwart: degene die deze hoed draagt, is waakzaam, draagt nieuwe vragen aan en wijst op de risico's. Hij reageert negatief op de vragensteller en zijn vraag.
- geel: een positief ingestelde hoedendrager. Hij ziet de waarde en de voordelen van het standpunt van de vragensteller in. Hij ondersteunt hem met nieuwe feiten.
- groen: degene die deze hoed draagt, komt met alternatieven en creatieve ideeën die de vragensteller goed kan gebruiken.
- blauw: zorgt voor de samenvatting en de focus waarop het denken zich nu gaat richten.

Iedereen in de groep krijgt een eigen kleur hoed. De vragensteller krijgt vijf minuten om zijn vraag te stellen en nader uit te leggen.

Bekijk de kwestie/vraag van alle kanten. Geef de vragensteller je reacties vanuit de kleur hoed die je toegewezen hebt gekregen. Luister naar elkaar en ga daarop in.

De discussie eindigt als er geen nieuwe gedachten meer boven tafel komen. De vragensteller kijkt wat hij uit de discussie kan gebruiken om zijn vraag ruimer of anders te benaderen. Hij formuleert wat hem aan het denken heeft gezet over zijn loopbaan-vraagstuk.

Tot slot volgt de nabespreking.

INSTRUCTIE VOOR DE CLIËNT

De oefening die we nu gaan doen, kan je helpen nieuwe aspecten te ontdekken in je eigen loopbaansituatie. Je kunt op het spoor komen van argumenten en motieven die belangrijk zijn, maar waar je tot nu toe niet aan hebt gedacht.

Het werkt als volgt: iemand brengt zijn loopbaankwestie in en vertelt daarover. Daarna reageren de overige leden van de groep op het loopbaanvraagstuk vanuit voorgeschreven rollen, die je vindt omschreven in het werkblad.

30 SOLLICITATIEVRAGEN

Je leert adequaat te reageren op moeilijke sollicitatievragen.

VOOR WIE?
- studenten, volwassenen
- individueel
- niveau: mavo/havo.

WANNEER?
- als de cliënt sollicitatiegesprekken gaat voeren
- in loopbaangesprekken en outplacementtrajecten.

MOGELIJKE RESULTATEN VOOR DEELNEMERS
- Je gaat met zelfvertrouwen het sollicitatiegesprek in.
- Je hebt een goed weerwoord op moeilijke vragen tijdens een sollicitatiegesprek.

DRAAIBOEK
- de werkvorm introduceren (5 minuten)
- een keuze maken uit de lijst met moeilijke sollicitatievragen (5 minuten)
- de antwoorden op de vragen schriftelijk voorbereiden (15 minuten)
- de antwoorden bespreken (15 minuten)
- een oefengesprek en een nabespreking van de oefening (30 minuten)
- nabespreken (5 minuten).

Totaal: 75 minuten.

INSTRUCTIE
Voorbereiding
Kopieer de lijst met moeilijke sollicitatievragen.

Uitvoering
- Geef aan dat solliciteren een dagtaak is waar je je volledig voor moet inzetten. Geef tegelijk aan dat je kunt leren solliciteren.
- Laat de cliënt vijf moeilijke vragen uitkiezen om zich op voor te bereiden.
- Vraag je cliënt zijn antwoord op een van de vragen letterlijk en de andere vier antwoorden alleen in steekwoorden uit te schrijven.
- Bespreek de mogelijke antwoorden kritisch door, met het accent op hoe de selecteur kan reageren.
- Doe een oefengesprek en neem dat op met camera of voicerecorder.

- Bespreek de opname met aandacht voor de sterke en relatief zwakke punten van je cliënt.
- Herhaal het oefengesprek en spreek dat ook nog een keer door.

Aandachtspunten en tips

Het gaat niet alleen om juiste antwoorden, maar ook om de juiste uitstraling als persoon. Het is van belang dat de cliënt in zichzelf gelooft.

Nabespreking

Zorg dat de cliënt keuzes maakt in hoe hij zich zal gedragen en wat hij zal zeggen en vragen. Leg er de nadruk op dat solliciteren een kwestie is van terreinverkenning aan beide kanten.

Werkblad – Moeilijke sollicitatievragen

Werkgevers zijn vaak geïnteresseerd in gedragsaspecten van de sollicitant. Daarbij gaat het om aspecten als werkhouding, stijl van werken, aanpak, inzet en tempo. Hoe zou het zijn om met deze sollicitant samen te werken? De werkgever weet uit je sollicitatiebrief al of je over de juiste opleiding beschikt, anders had hij je waarschijnlijk niet opgeroepen.

Voorbeelden van moeilijke vragen:
- Vertel eens wat over uzelf.
- Wat zoekt u eigenlijk bij ons?
- Welke eisen mogen collega's aan u stellen?
- Wat verstaat u onder succes?
- Hebt u wel eens een grote blunder gemaakt? Hoe loste u dat op?
- Hoe snel pikt u dingen op? Geef eens een voorbeeld.
- Wat vindt u dat per se hoort bij het goed invullen van deze functie?
- Welke wezenlijke bijdrage zou u aan onze organisatie kunnen leveren?
- Wat verstaat u onder loyaliteit?
- Hoe vasthoudend bent u? Geef eens een voorbeeld.
- Van welke mensen neemt u advies aan, van wie niet?
- Waardoor zou u snel geïrriteerd raken?
- Welke andere soort banen zou u ook een uitdaging vinden?

Welke vragen zou je zelf nog willen toevoegen aan dit rijtje?

INSTRUCTIE VOOR DE CLIËNT

Solliciteren kan moeilijk zijn als je wordt verrast door vragen die je niet verwacht. Het is natuurlijk niet mogelijk om op iedere vraag voorbereid te zijn. Toch kun je wel iets voorbereiden. Een aantal standaardvragen komt namelijk in allerlei varianten in een doorsnee sollicitatiegesprek aan bod. Het is handig om je op die vragen voor te bereiden.

Op het werkblad vind je een lijst met moeilijke sollicitatievragen. Bekijk de vragen en kies er vijf. Maak snel een keuze. Schrijf het antwoord op een belangrijke vraag helemaal uit. Bij de andere vier vragen schrijf je steekwoorden op. Misschien mis je in dit lijstje een vraag die je zelf moeilijk vindt. Voeg dan zelf een zesde vraag toe.

Ik neem de vragen stuk voor stuk met je door en probeer me in te denken hoe de persoon met wie jij je sollicitatiegesprek houdt, zal reageren. Daarna houden we een proefsollicitatiegesprek, dat we opnemen op de voicerecorder. We spreken de zwakke en sterke kanten van het gesprek nog eens door.

VARIANTEN

Deze werkvorm kan ook groepsgewijs worden toegepast, met kleine aanpassingen. De cliënten werken dan in groepjes van drie. Persoon A oefent als sollicitant, persoon B speelt personeelsselecteur en persoon C heeft de rol van waarnemer. Daarna wordt van rol gewisseld, zodat alledrie aan de beurt komen.

KNOPEN DOORHAKKEN

In het hoofd van je cliënt is het soms een chaos. Daarom komt hij bij jou. Zijn gedachten flitsen van het ene argument naar het andere en terug. Hij zoekt bewust het gesprek, om rust te krijgen in zijn hoofd. De verantwoordelijkheid om een besluit te nemen, drukt op je cliënt als een stressfactor die nuchter nadenken over argumenten bemoeilijkt. 'Ik heb alsmaar het gevoel dat ik in een cirkel blijf ronddraaien. Alle argumenten tollen door mijn hoofd, maar ik kom niet echt verder', kun je je cliënt horen zeggen.

Orde brengt overzicht en van overzicht komt de cliënt gemakkelijker tot inzicht. Het is daarom jouw taak om de cliënt te helpen alle informatie en argumenten te ordenen. Door de ordening die je aanbrengt, krijgt de cliënt tegelijk een structuur aangeboden om de informatie af te wegen en te beoordelen. Hij verwerkt deze tot standpunten.
Tijdens het beoordelen van alle factoren die spelen, onderzoekt de cliënt met jouw hulp welke krachten inwerken op de besluitvorming. Wat maakt een beslissing gemakkelijk en wat belemmert de voortgang? Wat stuwt de cliënt de ene kant uit? Wat stuwt de cliënt een andere richting op?

In het uiteindelijke proces van de knoop doorhakken, wordt zichtbaar dat het moeilijk is voor sommige van je cliënten om risico te dragen. Ze worden bang. Voor anderen is het moeilijk om de bestaande situatie los te laten. Het was daar goed. Ze weten maar al te goed wat ze opgeven.

In dit hoofdstuk komen de volgende werkvormen aan de orde:
- Dilemma
- Disneystrategie
- Advocaten
- Beweging in het keuzeproces
- Keuzelogica.

31 DILEMMA

Deze combinatie van een geleide fantasie, gekoppeld aan een teken- en visualisatieopdracht, doet een beroep op de verbeelding. Je laat niet alleen het verstand, maar ook je hart spreken over twee verschillende keuzealternatieven.

VOOR WIE?
- studenten, volwassenen
- in een groep van maximaal twaalf personen
- niveau: hbo/wo.

WANNEER?
- om te leren je intuïtie meer in te schakelen
- werkt goed bij mensen die zich ervoor open durven te stellen.

MOGELIJKE RESULTATEN VOOR DEELNEMERS
- Je begint ontspannen aan het proces van twee alternatieven verkennen.
- Je laat je gevoel en verstand spreken in het proces van twee alternatieven verkennen.
- Je beschouwt de alternatieven als een geschenk dat op je ligt te wachten.
- Je doorbreekt de impasse.

DRAAIBOEK
- twee alternatieve keuzemogelijkheden benoemen als dilemma (5 minuten)
- tekenopdracht (5 minuten)
- visualisatie alternatief A (10 minuten) en tekenopdracht alternatief A (10 minuten)
- visualisatie alternatief B (10 minuten) en tekenopdracht alternatief B (10 minuten)
- nabespreken (15 minuten).
Totaal: 65 minuten.

INSTRUCTIE
Voorbereiding
Zorg voor een visualisatietekst (zie de tekst bij *Instructie voor de cliënt*) die je hebt uitgeschreven en zo kunt voorlezen of neem de instructie op met de voicerecorder en speel deze af. Je kunt ook zelf een tekst verzinnen die je beter van toepassing vindt. Zorg voor tekenpapier en stiften.

Uitvoering
- Door associatief denken kan de cliënt zich bevrijden van het keurslijf van de logica en meer aspecten toelaten. Dat associëren kun je bevorderen. Een tekenopdracht dwingt je cliënt in een andere denkstijl over de keuzesituatie na te denken. Dit wordt nog veel sterker als de

opdracht ingebed is in een geleidefantasieopdracht waarbij de cliënt zijn situatie onder leiding van een vertelstem kan projecteren in beelden die worden aangereikt door de verteller. In feite wordt daarbij het visualiseren getriggerd.

- Zorg voor een ontspannen sfeer en maak duidelijk wat het doel is van de oefening.
- De cliënt schrijft op wat zijn keuzedilemma is: alternatief A en B.
- Geef de eerste tekenopdracht, waarbij de cliënt zijn eigen pad tekent dat uitkomt op een splitsing van wegen. Vraag de cliënt hier een wegwijzer te tekenen met een pijl richting alternatief A en een pijl richting alternatief B.
- Begin dan met de visualisatie van alternatief A. Spreek rustig in een laag tempo.
- Vraag de cliënt om een tekening te maken van het geschenk (zie *Instructie voor de cliënt*), de route en de bestemming.
- Begin daarna met de visualisatie van alternatief B.
- Vraag de cliënt om een tekening te maken van het geschenk, de route en de bestemming van alternatief B.
- Begin de slotvisualisatie. Vraag de cliënt om zijn ervaring te tekenen vanuit de slotvisualisatie.

Aandachtspunten en tips
- Voor gespannen mensen kan de oefening bedreigend zijn. Voor mensen die rationeel zijn, kan de oefening een grote opgave zijn. Zij moeten met kleine stapjes leren hun gevoel en hun verbeelding te laten spreken.
- Pas de werkvorm eerst op jezelf toe.
- Innerlijke rust is nodig op het moment van uitvoering.
- Spreek in een rustig tempo. Wees gevoelig voor iedere vorm van weerstand.
- Laat de cliënt rustig met zijn eigen proces bezig zijn. Jij bent de enige die praat, anders wordt het proces snel verstoord.

Nabespreking
Geef je cliënten de tijd om even bij te komen van deze waarschijnlijk intense ervaring. Spreek de tekeningen plenair of in subgroepjes van vier vooral goed door. Stel vragen: Op welke weg schijnt het meeste licht? Wat wil je kennelijk het liefste? Op welke bestemming schijnt het meeste licht? Hoort deze bestemming bij de weg waar het meeste licht op schijnt? Zo nee, wat heeft dit je te zeggen, denk je? Waar zit in de tekening nu de meeste energie? Naar welke weg en naar welke bestemming wordt je blik het eerste getrokken? Is dit ook de weg waar het meeste licht op scheen? Of heb je ongemerkt meer energie gegeven aan de weg die je eigenlijk niet wilt? Op welke weg denk je de meeste 'beren' tegen te komen? Welke ontdekkingen of vragen over de visualisatie en de tekening komen er nog meer bij je op?
De link naar de loopbaan van de cliënt is misschien nog niet direct gelegd. Vraag of de cliënt aan de twee wegen ook zijn loopbaandilemma weet te koppelen. Is de oplossing dichterbij gekomen? Vraag tenslotte wat de cliënten van deze werkvorm hebben gevonden.

INSTRUCTIE VOOR DE CLIËNT

De oefening die je nu gaat doen, helpt je om op een originele manier stil te staan bij de loop-baankwestie waarvoor je hier bent gekomen. Geef jezelf eraan over. Straks kijken we wat het je heeft opgeleverd. De oefening bestaat uit eenvoudige tekenopdrachtjes en uit korte visua-lisaties waarbij je je voorstelt hoe je situatie is.

1   Vooraf

Benoem voor jezelf twee keuzemogelijkheden in je werk of in je privéleven. Noem ze A en B.

2   Tekenen

Teken jezelf nu ergens onderaan het papier aan het begin van een pad, in een landschap. Teken een weg en verderop een tweesprong. Je bent op weg. Op dit moment weet je misschien nog niet welke keuze je gaat maken. Je loopt verder op het pad. Dan kom je bij een tweesprong. Hier teken je een wegwijzer. De ene kant wijst naar keuze A, het tweede bord wijst naar keuze B.

3   Visualisatie

Sluit nu je ogen en ontspan je. Stel je voor dat je nu bij de wegwijzer staat. Kies nu intuïtief welke van de twee kanten van je dilemma je het eerst wilt onderzoeken. Ga dit pad op. Houd het dilemma waar je je nu mee bezighoudt als achtergrondgedachte in je hoofd.

Ervaar hoe je op dit pad loopt. Hoe ziet de weg eruit? Is het een aangelegde weg, misschien een asfaltweg of een bestrate weg, of is het eerder een natuurlijk pad?

En wanneer je nu verder wandelt over de weg, het pad: wat kom je op deze weg, dit pad alle-maal tegen? Wat zie je om je heen? En wat voor geluiden hoor je? Ruik wat je ruikt en voel wat je voelt. En merk op wat voor weer het is.

Dan zie je ineens een geschenk voor je voeten liggen. Wat voor geschenk is dat? Neem het, als dat mogelijk is, in je handen en onderzoek het van alle kanten. Voel wat je erbij voelt. Neem het geschenk mee, terwijl je verder loopt in de richting van de bestemming van deze weg of dit pad.

Vraag je af waar dit pad, deze weg, heen leidt. Wat zie je daar in de verte? Kun je de contouren van de bestemming al zien? Dan kom je geleidelijk aan zo dicht bij de bestemming, dat je heel goed kunt zien hoe deze bestemming eruit ziet. Is het een gebouw? Iets uit de natuur? Men-sen? Of iets anders? Welke kenmerken heeft deze bestemming? Voel wat je voelt terwijl je voor deze bestemming staat. En wanneer je erin kunt, doe dat dan en ervaar wat je ervaart.

Wanneer je eraan toe bent, loop je in je eigen tempo weer terug naar de wegwijzer. Misschien leg je het geschenk dat je gekregen hebt bij de wegwijzer neer.

4   Tekenen

Kom nu met je aandacht, terwijl je ontspannen blijft, weer terug, open je ogen een beetje en teken de weg en dat wat je tegenkwam op die weg, en ook het geschenk en de bestemming.

5 Visualisatie

Sluit nu weer je ogen en breng je aandacht weer naar binnen. Je staat weer bij de wegwijzer, kies er nu voor om de andere weg te gaan onderzoeken. Ervaar nu hoe je loopt op de tweede weg. Hoe voelt het om hier te lopen? Hoe ziet de weg eruit? Wat is het voor soort weg of pad? Loop dan verder over de weg of het pad. Wat kom je tegen op deze weg? Zie wat je ziet om je heen, hoor wat je hoort, ruik wat je ruikt en voel wat je voelt. Merk op wat voor weer het op deze weg is. En wanneer je even op deze weg gelopen hebt, zie je ook hier ineens een geschenk voor je voeten liggen. Wat is het voor geschenk? Onderzoek het, neem het in je handen. Voel wat je erbij voelt. En dan vervolg je je weg, terwijl je het geschenk op de een of andere manier meeneemt.

Kijk nu in de verte, en kijk of je al iets kunt ontwaren van waar dit pad, deze weg, heen leidt. Terwijl je verder loopt in de richting van de bestemming van deze weg, worden geleidelijk aan de contouren van de bestemming steeds duidelijker. En dan loop je nog verder, totdat je zo dicht bij de bestemming bent dat je kunt zien wat het precies is. Is het een gebouw, een huis of iets uit de natuur of nog iets anders?

Wanneer je bij de bestemming van dit pad of deze weg bent aangekomen, onderzoek de bestemming dan en ervaar wat je ervaart wanneer je ervoor staat. Wanneer je erin kunt, doe dat dan en voel wat je voelt.

Wanneer je eraan toe bent, loop je in je eigen tempo terug naar de wegwijzer. Misschien leg je ook het geschenk dat je op deze weg tegenkwam, neer bij de wegwijzer.

6 Tekenen

Doe je ogen weer open, kom dan voor even uit de ontspanning en teken de weg, het pad, het geschenk en de andere dingen die je op dit tweede pad tegenkwam en teken ook de bestemming. Laat zien hoe je je voelde terwijl je bij de bestemming was.

7 Slotvisualisatie

Sluit weer je ogen en sta in je verbeelding weer op de tweesprong. Stel je nu voor dat de zon schijnt in het landschap waar deze twee wegen lopen. Vraag je af terwijl je naar beide wegen kijkt, op welke weg en op welke bestemming het meeste licht schijnt. En op welk geschenk valt het meeste licht? Welk geschenk trekt je het meeste aan? Van welke weg en/of welke bestemming gaan je ogen, terwijl je ernaar kijkt, het meest stralen?

Wanneer je zo even over deze vragen gemijmerd hebt, kom je met je aandacht weer helemaal terug in de ruimte waarin we zijn, terwijl je al je ervaringen meeneemt.

8 Tekenen

Doe je ogen weer langzaam open en teken nu de zon en het licht. Teken jezelf op de weg waar het meeste licht op schijnt.

VARIANTEN

De oefening kan ook individueel worden toegepast.

32 DE DISNEYSTRATEGIE

Je bekijkt je keuzewens vanuit de positie van Dromer, Criticus en Realist.

VOOR WIE?
– scholieren, studenten en volwassenen
– individueel
– niveau: hbo/wo.

WANNEER?
– om te leren denkpatronen te doorbreken
– wordt vaak toegepast in brainstormsessies.

MOGELIJKE RESULTATEN VOOR DEELNEMERS
– Je blijft niet op een en hetzelfde spoor van nadenken zitten.
– Je ordent en schaaft aan keuzeargumenten.

DRAAIBOEK
– de werkvorm en de keuze waarop de strategie wordt toegepast, uitleggen (5 minuten)
– het keuzealternatief vanuit drie posities bekijken en onderzoeken (individueel 15 minuten)
– de bevindingen bespreken (10 minuten).
Totaal: 30 minuten.

INSTRUCTIE
Voorbereiding
Zorg voor drie stoelen voor je cliënt om beurtelings op te zitten.

Uitvoering
– De Disneystrategie is door Walt Disney gebruikt bij het maken van tekenfilms. Hij ging uit van drie kwaliteiten, die alledrie nodig zijn om tot nieuwe ideeën te komen. In de positie van Dromer mag je vrijuit fantaseren en dromen zonder remmingen. In de positie van Criticus kijk en beoordeel je kritisch de problemen die zich kunnen voordoen. De criticus praat tegen en in zichzelf (ja, maar ...). In de positie van Realist toets je de plannen en ideeën van de dromer op hun realiteit en praktische uitvoerbaarheid. De Realist komt tot uitvoerbare ideeën van de Dromer en honoreert daarbij de ja-maars van de Criticus.
– Geef uitleg over de positie van de Dromer, de Criticus en de Realist. Geef per positie typerende vragen die je aan jezelf kunt stellen.
– Laat de cliënt aangeven welk keuzealternatief hij nader wil onderzoeken.
– Nodig de cliënt uit om alle drie de posities in te nemen.

- Laat de cliënt eerst op de stoel van de Dromer plaatsnemen en vanuit de positie van de Dromer reageren op de keuzemogelijkheid. Laat de cliënt dan op de stoel van de Criticus plaatsnemen en vanuit de positie van de Criticus reageren op de keuzeoptie. Laat de cliënt daarna op de stoel van de Realist plaatsnemen en vanuit de positie van de Realist reageren op het keuzeprobleem.
- Als begeleider kun je de volgende vragen stellen aan de cliënt.

Als de cliënt op de stoel van de Dromer zit:
- Als je het probleem dat je nu in gedachten hebt tot een groot succes zou willen maken, wat zou er dan moeten gebeuren?
- Alle obstakels zijn weg en jij bent het stralende middelpunt van de situatie waar je je graag in wilt bevinden. Hoe zie je dat voor je?
- Hoe mooi zou het allemaal kunnen zijn?

Als de cliënt op de stoel van de Criticus zit:
- Wat maak je me nou? Wat moet je allemaal wel niet ondernemen om je droom ook maar een beetje te benaderen?
- Je wilt nogal wat. Wat krijg je vast en zeker niet voor elkaar?
- Kom op, zeg. Die droom is nergens op gebaseerd. Geef je argumenten.

Als de cliënt op de stoel van de Realist zit:
- Aan kapot kritiseren van je problemen heb je ook niks. Welke stukken van je droom staan nog overeind?
- Als je nu eens realistisch kijkt naar de mogelijkheden die er wel inzitten, tot welke conclusies kom je dan? Zijn er goede oplossingen bij?

Aandachtspunten en tips
- Geef de cliënt hulpvragen bij iedere positie.
- Help de cliënt op iedere positie om de kern van zijn argumenten te verwoorden en die vast te houden.
- Laat de cliënt eventueel eerst iedere opmerking in steekwoorden opschrijven.

Nabespreking
- Laat de cliënt alle belangrijke nieuwe argumenten opnoemen.
- Laat de cliënt zelf conclusies trekken uit de verzamelde argumenten.
- Vraag naar de ervaring met deze werkvorm.

INSTRUCTIE VOOR DE CLIËNT
Je gaat leren anders te kijken naar je keuzeprobleem. Welk keuzeprobleem zou je eens van alle kanten willen bekijken? Kies een probleem waar je graag een beslissing over wilt nemen. Ga

op een van de drie stoelen zitten die klaarstaan.

De eerste stoel is de stoel van een echte Dromer. Vanuit die stoel bekijk je alles zoals in een sprookje. Alles lukt en het gebeurt gewoon. Er komt altijd een verrassende, aangename oplossing. Door associaties formuleer jij een antwoord op jouw keuzekwestie. Ga maar zitten, doe je ogen dicht en begin hardop te dromen over je keuzeprobleem als schitterend sprookje. Ik zal je helpen als je vastloopt.

De tweede stoel is de stoel van een Criticus. Ga op die stoel zitten en bekijk wat er mis kan gaan en welke gevaren je loopt. Ook jouw loopbaanvraag analyseer je op mogelijke gevaren en valkuilen. Door negatief te associëren op de droom, plaats je zo veel mogelijk kritische kanttekeningen.

De derde stoel is de stoel van iemand die heel praktisch is en die vooral de haalbaarheid bekijkt van alles wat je wilt, de Realist. Door je eigen associaties kom je met praktische tips en oplossingen tevoorschijn.

VARIANT

Deze werkvorm kan ook in groepen worden toegepast. In subgroepjes van vier, brengt een cliënt zijn probleem in. De drie andere leden van de groep nemen plaats op de stoel van de Dromer, de stoel van de Criticus en de stoel van de Realist. Zij discussiëren met de probleeminbrenger vanuit de drie posities. De probleeminbrenger luistert ernaar. Zo spoort de probleeminbrenger belangrijke nieuwe argumenten en gezichtspunten op.

33   ADVOCATEN

Je toetst en nuanceert je keuzeplannen in debat met de pleitbezorger en de advocaat van de duivel.

VOOR WIE?
– studenten, volwassenen.
– een groep van maximaal twaalf personen
– niveau: havo/vwo.

WANNEER?
– als de cliënt feedback en steun nodig heeft bij zijn keuzeplannen
– de werkvorm wordt in outplacementtrajecten toegepast in de groepssessies.

MOGELIJKE RESULTATEN VOOR DEELNEMERS
– Je stelt je open voor de ideeën en bedenkingen van anderen.
– Je ontdekt nieuwe gezichtspunten.
– Je voelt je gesteund in je keuzevoorbereiding.

DRAAIBOEK
– de werkvorm uitleggen, groepjes vormen en werkverdeling (8 minuten)
– het gesprek (ca.25 minuten per persoon)
– nabespreken (twaalf minuten of langer, al naar gelang het aantal cliënten).
Totaal: 45 minuten of langer, afhankelijk van de duur van de nabespreking.

INSTRUCTIE
Uitvoering
– Leg uit wat de bedoeling is van de werkvorm, namelijk om de keuzeplannen te toetsen en te verfijnen.
– Deel de groep in in subgroepjes van drie of vier.
– Om de beurt is een deelnemer de cliënt die zijn keuzeplan uitlegt. De overgebleven deelnemers van de subgroep zijn pleitbezorger en advocaat van de duivel. Bij een groep van vier is de vierde persoon de observator en tijdbewaker. De pleitbezorger leeft zich in de keuzeargumenten van de cliënt in en ondersteunt die zo veel mogelijk. De cliënt voelt zich door de pleitbezorger volledig begrepen en gesteund. De advocaat van de duivel gaat op zoek naar de andere kant van het verhaal en ontkracht de ideeën van de cliënt zo veel mogelijk.
– Geef uitleg over de communicatieregels bij deze oefening. De procedure verloopt volgens een strakke regie. De cliënt brengt zijn mening in, de pleitbezorger reageert daarop met

vragen en opmerkingen en daarna komt de advocaat van de duivel. In de tweede ronde discussiëren/duelleren de advocaat van de duivel en de pleitbezorger om het pleit in hun voordeel te beslechten. In de derde ronde vertelt de cliënt zijn conclusies uit de discussie en haalt argumenten naar voren die indruk op hem hebben gemaakt.
– Geef leiding aan het gesprek en bewaak de tijd.

Aandachtspunten en tips
Zorg voor diepgang. Houd de leiding strak. Vraag, als er een vierde man per groep is, of de vierde persoon de argumenten, opmerkingen en vragen van de pleitbezorger en de advocaat van de duivel noteert.

Nabespreking
Besteed veel aandacht aan de nazorg bij deze oefening. Laat ieder zijn verhaal doen als cliënt die de discussie van de pleitbezorgers heeft aangehoord en daaruit iets heeft opgepikt.

INSTRUCTIE VOOR DE CLIËNT
In deze oefening bespreken we onze loopbaanplannen kritisch met elkaar.
Je werkt in groepjes van drie. Een van jullie drieën brengt zijn loopbaanplannen ter sprake.
De andere twee stellen zich op als een advocaat: de een als verdediger van de keuzeplannen, de ander als advocaat van de duivel. Houd je strak aan de afspraken. Als er enkele cliënten overblijven, worden ze nummer vier in een groep. Zij bewaken de procedure en de tijd, en schrijven de argumenten voor en tegen kort op. De vierde persoon komt dan zelf niet aan de beurt als beschrijver van zijn loopbaanplan.
De drie rondes worden in 25 minuten afgewerkt.
– Eerste ronde: je brengt je mening in, de pleitbezorger reageert daarop met vragen en opmerkingen en daarna reageert de advocaat van de duivel (vijftien minuten).
– Tweede ronde: de advocaat van de duivel en de pleitbezorger discussiëren/duelleren om het pleit te beslechten in hun voordeel (vijf minuten).
– Derde ronde: je vertelt je conclusies uit de discussie en haalt argumenten naar voren die indruk op je hebben gemaakt (vijf minuten).
– Vervolgens brengen cliënt twee en drie hun loopbaanplannen in drie rondes ter sprake.
– We ronden deze zitting gezamenlijk af.

VARIANTEN
Je kunt de werkvorm ook in individuele gesprekken uitspelen. In dat geval neem je zelf de rollen van pleitbezorger en advocaat van de duivel op je.

34 BEWEGING IN HET KEUZEPROCES

Je onderzoekt blokkerende en bevorderende factoren en bekijkt hoe je deze factoren kunt versterken of verzwakken.

VOOR WIE?
– studenten, volwassenen
– individueel
– niveau: hbo/wo.

WANNEER?
– als de cliënt toe is aan het doorbreken van blokkerende gedachten over zijn eigen situatie
– als de cliënt vastzit in voors en tegens.

MOGELIJKE RESULTATEN VOOR DEELNEMERS
– Je onderzoekt de kneedbaarheid van invloedsfactoren.
– Je ontdekt nieuwe gezichtspunten.
– Je breekt vastliggende ideeën over de keuzesituatie open.

DRAAIBOEK
– uitleg vooraf (5 minuten)
– de keuzesituatie benoemen (5 minuten)
– brainstormronde over bevorderende factoren (10 minuten)
– brainstormronde over belemmerende factoren (10 minuten)
– de factoren scoren (10 minuten)
– per factor nagaan of de bevorderende factoren groter en de belemmerende factoren kleiner gemaakt kunnen worden en hoe dat het beste kan gebeuren (30 minuten)
– nabespreken en voornemens en actieplannen formuleren (10 minuten).
Totaal: 80 minuten.

INSTRUCTIE
Voorbereiding
Notatieformulieren en schrijfgerei klaarleggen.

Uitvoering
– Deel het werkblad uit.
– Vraag de cliënt om zijn keuzedilemma te omschrijven.
– Geef de cliënt de instructie om te brainstormen over factoren die de keuze vergemakkelijken en factoren die de keuze blokkeren.

- Geef aan dat de cliënt zijn bevindingen in steekwoorden kan opschrijven. Alle argumenten komen op papier te staan.
- Vraag de cliënt daarna om alle factoren kort op het werkblad op te schrijven.
- Laat de cliënt even alleen werken bij het scoren van o tot 10 bij iedere factor.
- Spreek samen steeds de factor door en ga samen na in hoeverre de factor groter en kleiner kan worden door actie van de kant van de cliënt.
- Trek samen conclusies over de factoranalyse en help de cliënt zijn voornemens te verwoorden.

Aandachtspunten en tips
- Let erop dat de cliënt geen factoren terzijde schuift als niet belangrijk.
- Zorg ervoor dat hij echt brainstormt en alle factoren dan pas noteert. En zorg ervoor dat hij vervolgens zijn werkblad invult.
- Bij het onderzoek naar de beïnvloedbaarheid van de factoren, komt het er echt op aan om ervoor te zorgen dat de cliënt nadenkt over zijn eigen actiemogelijkheden om de invloed van deze factor groter te maken of te verkleinen. Stel zo nodig uitnodigende vragen om het brainstormen te bevorderen.

Nabespreking
In de nabespreking ligt de nadruk op actiepunten en voornemens van de cliënt zelf.

Werkblad – Beweging in het keuzeproces

Stap 1
Beschrijf je keuzeplan al brainstormend.

Stap 2
Benoem de verandering die je wenselijk vindt. Schrijf in steekwoorden de belangrijkste dingen die in je opkomen eerst op een kladblaadje. Schrijf dan de verandering uit. →

Stap 3

A. Benoem brainstormend alle factoren die de gewenste verandering kunnen bevorderen (kort opschrijven). Ook mensen kunnen een factor zijn. Beschrijf dan hierna wat die factoren teweegbrengen, waardoor ze een positieve invloed uitoefenen op de door jou gewenste verandering.

B. Factoren die bevorderend werken:

1 _____

2 _____

3 _____

4 _____

5 _____

C. Geef elk van de ingevulde factoren een cijfer tussen 0 en 10. Een hoger cijfer betekent dat je deze factor het belangrijkst vindt.
Belang van de factoren (cijfer tussen 0 en 10)

1 _____

2 _____

3 _____

4 _____

5 _____

D. Bij elke factor schat je in of deze factor door je eigen initiatief nog vergroot kan worden. Geef aan wat je kunt doen.
Jouw invloed per factor:

1 _____

2 _____

3 _____

4 _____

5 _____

→

Stap 4

A. Benoem brainstormend alle factoren die de gewenste verandering kunnen verhinderen of belemmeren. Ook mensen kunnen remmende factoren zijn.
Beschrijf hoe ze handelen en waardoor ze een remmende invloed uitoefenen
op de door jou gewenste verandering.

B. Remmende factor:

1 _____

2 _____

3 _____

4 _____

5 _____

C. Belang van de factoren (cijfer tussen 0 en 10)

1 _____

2 _____

3 _____

4 _____

5 _____

D. Wat kun je er zelf aan doen om de invloed van deze factor te verminderen?
Beschrijf je mogelijke invloed op iedere factor.
Jouw invloed op deze factor:

1 _____

2 _____

3 _____

4 _____

5 _____

Stap 5

Trek uit deze analyse de conclusie waar je verder mee wilt.

INSTRUCTIE VOOR DE CLIËNT

Besluiten neem je niet los van de situatie waarin je zit. Integendeel, je wordt beïnvloed in je stellingname door wat anderen ervan zullen vinden. Bij deze oefening sta je al brainstormend stil bij de gevolgen die je handelen kunnen hebben voor de mensen om je heen en daardoor voor jezelf. Je voorziet mogelijke tegenwerking of afwijzing als je een bepaalde kant uitgaat. Je ervaart al of niet steun voor je plannen. De inspanning die je moet verrichten om een nieuwe richting in te slaan, houdt je bezig. De kans van slagen die je jezelf geeft, beïnvloedt je in je besluitvorming. Kortom: er is sprake van een bonte verzameling factoren die jou beïnvloeden. Deze verzameling van factoren noemen we het krachtenveld waarin je opereert. In deze oefening ga je dit krachtenveld analyseren.

De waarde van een oplossing wordt zichtbaar door zorgvuldig na te gaan welke factoren een bepaalde oplossing bevorderen en welke factoren die oplossing verhinderen. Door deze factoren te analyseren, kom je ook op het spoor van factoren die je misschien nog kunt uitschakelen of versterken, waardoor een gewenste oplossing dichterbij komt.

Lees het werkblad dat ik je nu geef. Je brainstormt over de verandering die je wilt en de factoren die daar een rol in spelen. Welke invloed kun je zelf uitoefenen om de situatie naar je hand te zetten?

We bespreken na hoe de verandering de meeste kans van slagen krijgt.

Ga aan de slag. Maar werk eerst in het klad voordat je het werkblad invult. Noteer in het klad iedere bedenking die in je opkomt over een factor die jou beïnvloedt bij je huidige dilemma. Ga daarna pas naar het werkblad om de factoren te ordenen en te scoren.

35 KEUZELOGICA

Je benoemt en ordent keuzeargumenten en beoordeelt je alternatieven.

VOOR WIE?
- scholieren, studenten en volwassenen
- individueel
- niveau: havo/vwo.

WANNEER?

Bij chaos in het hoofd over een beperkt aantal keuzemogelijkheden in de fase waarin je echt wilt beslissen.

MOGELIJKE RESULTATEN VOOR DEELNEMERS
- Je krijgt overzicht over je unieke keuzeargumenten.
- Je bepaalt wat voor jou zwaar weegt en wat niet.
- Je kunt verschillende opties onderling vergelijken.

DRAAIBOEK
- werkvorm uitleggen (5 minuten)
- keuzecriteria benoemen en noteren (10 minuten)
- alternatieven invullen op het keuzeformulier (5 minuten)
- per keuzealternatief een score op de keuzecriteria toekennen (20 minuten)
- nabespreken (10 minuten).

Totaal: 50 minuten.

INSTRUCTIE
Voorbereiding
Maak zelf een keuzeformulier dat beter op de situatie toegesneden is of kopieer het werkblad.

Uitvoering
- Nodig de cliënt uit alle keuzeargumenten op te sommen waar hij rekening mee wil houden.
- Vraag hem om die te noteren onder het kopje *Persoonlijke keuzeargumenten*.
- Vraag je cliënt om bij ieder keuzeargument drie alternatieven in te vullen.
- Vraag je cliënt per keuzeargument een score tussen 0 en 10 toe te kennen aan iedere keuzeoptie en het cijfer er in de betreffende kolom bij te zetten.
- Tel de totaalscore per keuzeoptie op.
- Vraag je cliënt naar een interpretatie van de eindscore per alternatief.

Aandachtspunten en tips

De cijferscore is op zichzelf niet zo belangrijk. Het gaat om de subjectieve betekenis van ieder cijfer. Vraag daar steeds op door. Zorg dat de keuzeargumenten in de eerste kolom precies worden omschreven en glashelder zijn. Voor sommige cliënten is deze werkvorm te rekenkundig, terwijl dat natuurlijk in feite niet het geval is. Het gaat om subjectieve rekenkunst en niet om wiskunde. Vooral bij sterke keuzeangst leidt deze werkvorm niet tot het gewenste resultaat. In dat geval is zoeken naar ontspanning en het versterken van het zelfvertrouwen in eerste instantie belangrijker.

Nabespreking

Ga vooral na in hoeverre de werkvorm echt iets oplevert en welke keuzeargumenten voor de uiteindelijke keuze doorslaggevend zijn.

Werkblad – Keuzeargumenten

Persoonlijke keuzeargumenten	Keuzealternatief 1	Keuzealternatief 2	Keuzealternatief 3
1			
2			
3			
4			
5			
Totaal:			

INSTRUCTIE VOOR DE CLIËNT

– Je gaat je persoonlijke keuzeargumenten eens goed op een rij zetten. Neem er de tijd voor en formuleer zo helder mogelijk. Wat vind jij belangrijk, waar wil jij echt rekening mee houden als je een definitieve keuze gaat maken?

– Noteer je keuzeargumenten met alternatieven op je werkblad.

– Je vult eerst je persoonlijke keuzeargumenten in. Bekijk van alle kanten waar je vanuit wilt gaan als basis voor je beslissing.

– Per keuzeargument vul je dan ook nog de nodige keuzealternatieven in.

– Daarna geef je iedere optie nog een waarderingscijfer tussen de 1 en de 10 (hoe hoger het waarderingscijfer, des te belangrijker is die optie voor je).

– Vervolgens tel je alle scores van optie 1 op, zo ook voor optie 2 en 3. Kijk of de totaalscore per alternatief sterk verschilt en of dat klopt met je eigen gevoel hierover.

– Tot slot bespreek je met je begeleider de resultaten van dit werkblad om te kijken of deze je dichter bij het realiseren van je toekomstplannen hebben gebracht. Misschien kun je de eerste actieplannen maken.

VARIANTEN

Laat de cliënt iemand uitkiezen van wie hij weet dat deze hem door en door kent. Vraag hem die persoon ook het werkblad in te laten vullen vanuit zijn kennis van deze cliënt. Vergelijk de uitkomsten en bespreek die.

ROUTEPLANNER

Als je een route ingeeft aan de routeplanner, weet je precies waar je naartoe gaat. Dan kun je kiezen voor de snelste, de kortste of de mooiste route. Als je een brug bouwt naar de toekomst, heb je het over een ontwerpgedachte die binnen een bepaalde context werkelijkheid moet worden. Tijdens de uitvoering van dit project zijn er tal van factoren en partijen die de concrete realisatie van het ontwerp gaan beïnvloeden. Er is sprake van een basisintentie, als een soort kompas voor alle beslissingen tijdens het project. Daarnaast zijn er kansen en bedreigingen die zich voordoen en waarop je reageert met deelbeslissingen die je toetst aan je intentie.

Bij loopbaanbesluiten gaat het meestal over de tweede ingang naar de toekomst: een brug bouwen. Het gekke is dat je aan de brug naar jouw toekomst bouwt, terwijl je er in feite al overheen loopt, voor zover als dat kan.

Ontwerpen en plannen helpen de cliënt om doelen en prioriteiten helder te krijgen. Het is van belang voor je cliënt om zich niet te vertillen aan zijn plannen. Openstaan voor wat zich toevallig voordoet tijdens het bouwproces en daarop reageren is belangrijk. Vooral als het gaat om ander gedrag te tonen dan hij gewend is. Misschien heeft hij steun nodig van anderen die hem in de gaten houden, feedback geven en aanmoedigen. Je cliënt moet misschien maatregelen nemen om te voorkomen dat zijn eigen voornemens in de soep lopen door gedrag dat typisch zijn valkuil is.

Je bent steeds bezig met aandacht geven aan het verhelderen van de plannen, en aan de samenhang tussen basisintentie en concrete uitvoering. Is de cliënt consistent in zijn aanpak? Weet hij wat hij wil? Stelt hij zich op als manager van het project dat hij wil realiseren? Vermijdt hij valkuilen?

De volgende vijf werkvormen komen aan bod:
- Backcasting
- Loopbaancontract
- Beren op de weg
- Loopbaaninnovator
- Actiemeter.

36 BACKCASTING

Je redeneert terug vanuit de gewenste toekomst naar wat je nu al kunt doen om die toekomst te bereiken.

VOOR WIE?
- studenten, volwassenen
- individueel
- niveau: havo/vwo.

WANNEER?
- als de fase van plannen en actie ondernemen is aangebroken
- wordt veel toegepast bij individuele coachingsgesprekken en bij outplacementtrainingen.

MOGELIJKE RESULTATEN VOOR DEELNEMERS
- Je kunt een toekomstscenario opstellen.
- Je weet wat je nu al kunt doen om die toekomst te zijner tijd te bereiken.
- Je bent gefocust op wat je nu al kunt doen.

DRAAIBOEK
- de cliënt voorbereiden op de werkvorm (5 minuten)
- zelfwerkzaamheid cliënt (35 minuten)
- de opdracht nabespreken (20 minuten).

Totaal: 60 minuten.

INSTRUCTIE
Voorbereiding
Zorg per cliënt voor schrijfmateriaal en voor voldoende werk- en flip-overbladen.

Uitvoering
- Geef het doel aan van de werkvorm en leg de werkvorm uit met een voorbeeld.
- Bespreek het werkblad met steunvragen.
- Geef de opdracht het werkblad in te vullen.
- Bespreek de uitkomst met je cliënt.

Aandachtspunten en tips
- Motiveer de cliënt om concrete detailantwoorden te geven.
- Help de cliënt even op weg als hij niet verder komt.
- Lees de steunvragen van het werkblad hardop voor.

Nabespreking

Vraag de cliënt:

– wat hem is opgevallen
– wat hij leuk vond om te doen
– wat hij moeilijk vond
– wat hij de komende twee weken gaat doen om te werken aan zijn toekomst.

Werkblad – Backcasting

Beschrijf je ideale toekomst over vijf jaar:

– Waar ben je?
– Hoe woon je?
– Met wie ben je samen?
– Wat doe je?
– Wat lukt je bijzonder goed?
– Waar geniet je van in wat je doet?
– Wat heb je bereikt?

Beschrijf je toekomst over vier jaar:

– Waar ben je?
– Hoe woon je?
– Met wie ben je samen?
– Wat doe je?
– Wat lukt je bijzonder goed?
– Waar geniet je van in wat je doet?
– Wat heb je al bereikt?

Wat kun je de komende tijd doen om te zorgen dat je over vier jaar de situatie hebt bereikt, die je zojuist hebt beschreven?

Beschrijf je toekomst over twee jaar:

– Waar ben je?
– Hoe woon je?
– Met wie ben je samen?
– Wat doe je?
– Wat lukt je bijzonder goed?
– Waar geniet je van in wat je doet?
– Wat heb je al bereikt?

→

Wat kun je de komende tijd doen om te zorgen dat je over twee jaar de situatie hebt bereikt, die je zojuist hebt beschreven?

Beschrijf je toekomst over een jaar:
– Waar ben je?
– Hoe woon je?
– Met wie ben je samen?
– Wat doe je?
– Wat lukt je bijzonder goed?
– Waar geniet je van in wat je doet?
– Wat heb je al bereikt?

Wat kun je de komende tijd doen om te zorgen dat je over een jaar de situatie hebt bereikt, die je zojuist hebt beschreven?

Beschrijf je toekomst over zes maanden:
– Waar ben je?
– Hoe woon je?
– Met wie ben je samen?
– Wat doe je nu anders?
– Wat lukt je bijzonder goed?
– Waar geniet je van in wat je doet?
– Wat heb je al bereikt?

Wat kun je de komende tijd doen om te zorgen dat je over zes maanden de situatie hebt bereikt, die je zojuist hebt beschreven?

Beschrijf je toekomst over drie maanden:
– Waar ben je?
– Hoe woon je?
– Met wie ben je samen?
– Wat doe je?
– Wat lukt je bijzonder goed?
– Waar geniet je van in wat je doet?
– Wat heb je al bereikt?

Wat kun je de komende tijd doen om te zorgen dat je over drie maanden de situatie hebt bereikt, die je zojuist hebt beschreven?

INSTRUCTIE VOOR DE CLIËNT

Je toekomst is een project en je kunt dat heel projectmatig benaderen door vanuit het doel (je ideale toekomst) dat je wilt bereiken, terug te redeneren naar waar je nu bent. Volg de vragen op het werkblad daarom heel zorgvuldig. Begin bij de vragen over je toekomst over vijf jaar en werk zo terug in de tijd naar het heden toe.

Noteer je bevindingen op het flip-overvel. Neem rustig de tijd voor de opdracht. Hij is pittig. Zorg dat je concrete antwoorden geeft.

VARIANTEN

Je kunt de opdracht ook in kleine groepen in teamverband uit laten werken. Eén persoon werkt daarbij aan zijn scenario en de anderen helpen hem door de steunvragen te stellen.

37 LOOPBAANCONTRACT

Je concretiseert een werkplan in de vorm van een loopbaancontract.

VOOR WIE?
– scholieren, studenten en volwassenen
– in een groep van maximaal twaalf personen
– niveau: iedereen.

WANNEER?

– op het moment dat de planningsfase moet worden afgerond
– wordt veel toegepast bij studenten waarbij het karakter van een leercontract centraal staat.

MOGELIJKE RESULTATEN VOOR DEELNEMERS
– Je kunt een toekomstscenario opstellen.
– Je verbindt je aan doelen en actiepunten.
– Je bent gefocust op wat je zelf kunt doen.

DRAAIBOEK
– de werkvorm voorbereiden en uitleggen (10 minuten)
– aan het contract werken (30 minuten)
– het voorlopig contract in subgroepen bespreken (30 minuten)
– het definitieve contract uitwerken (15 minuten)
– plenair enkele contracten bespreken (40 minuten)
– nabespreken (5 minuten)
Totaal: 130 minuten.

INSTRUCTIE
Voorbereiding
Zorg voor schrijfmateriaal en contractformulieren (zie werkblad).

Uitvoering
– Geef het doel van de werkvorm aan en leg de werkvorm uit door deze min of meer voor te doen met een voorbeeld.
– Bespreek het contractformulier.
– Geef voorbeelden van doelen, actiedoelen en activiteiten.
– Geef tijd om er individueel aan te werken.
– Deel subgroepen in en geef aan hoe de contractformulieren besproken worden.
– Bespreek de contracten plenair.

Aandachtspunten en tips

- Motiveer de cliënt (groep) om concrete detailantwoorden te geven.
- Help de cliënt even op weg als hij niet verder komt.
- Formuleer hardop de steunvragen van het werkblad.
- Werk eventueel met een flip-overvel voor iedere cliënt van de trainingsgroep en bespreek ieder vel samen met de groep.

Nabespreking

Vraag aan de cliënt (of de groep):
- wat hem is opgevallen
- wat hij leuk vond om te doen
- wat hij moeilijk vond
- wat hij de komende twee weken concreet gaat doen aan zijn toekomst.

Werkblad – Loopbaancontractformulier

Naam:

Mijn hoofddoel in mijn persoonlijk loopbaanactiviteitenplan is:

Actiedoelen:

1 _____

2 _____

3 _____

4 _____

5 _____

Activiteiten:

1 _____

2 _____

3 _____

4 _____

5 _____

→

Tijdsplan:

1

2

3

4

5

Wanneer heb ik mijn doel bereikt?

1

2

3

4

5

Hoe verder?

1

2

3

4

5

Handtekening coach:

Handtekening cliënt:

Datum:

INSTRUCTIE VOOR DE CLIËNT

Vandaag probeer je je voornemens om te zetten in concreet haalbare doelen. Als je straks naar huis gaat, ga je aan de slag met activiteiten om je loopbaanwensen te realiseren. Het contract-formulier helpt je om goed af te spreken wat je wilt bereiken en wat je daarvoor gaat doen. Vul het contract zo concreet mogelijk in met actiedoelen en activiteiten. Zet er alleen iets neer waar je echt achter staat. Werk het formulier eerst in klad uit en bespreek het voordat je de definitieve versie invult en ondertekent.

VARIANTEN

Je kunt de cliënt via een extra kolom vragen hoe hij zichzelf wil belonen als hij gedaan heeft wat hij heeft afgesproken. Je kunt werken met een co-coachingsmodel waarbij de leden van de groep elkaar helpen dit contract op te stellen.

139

38   BEREN OP DE WEG

Je neemt afstand van negatieve, irrationele denkbeelden en ruilt ze in voor positieve gedachten.

VOOR WIE?
− studenten, volwassenen
− individueel
− niveau: havo/vwo.

WANNEER?
De werkvorm kan in de startfase, maar ook in de planningsfase nuttig zijn.

MOGELIJKE RESULTATEN VOOR DEELNEMERS
− Je neemt afstand van hersenspinsels.
− Je kijkt positief naar je eigen loopbaanactiviteiten.
− Je focust op succes.

DRAAIBOEK
− de werkvorm uitleggen (10 minuten)
− negatieve gedachten over het eigen functioneren in de loopbaan spuien en noteren (10 minuten)
− negatieve gedachten herformuleren in positieve statements (30 minuten)
− de oefening nabespreken (15 minuten).
Totaal: 65 minuten.

INSTRUCTIE
Voorbereiding
Zorg voor een goed voorbeeld op schrift aan de hand waarvan je uitleg kunt geven.

Uitvoering
− Geef een korte inleiding over het effect van negatieve gedachten op je handelen.
− Leg uit wat herkaderen is en doe dit aan de hand van een voorbeeld.
− Vraag de cliënt om alle beren op de weg richting het doel te benoemen.
− Vraag hem iedere uitspraak te noteren op het werkblad.
− Geef de cliënt de taak om samen met jou een positief alternatief te formuleren voor iedere 'beer'-gedachte.
− Laat de cliënt of cursist hardop de positie-uitspraken voorlezen.
− Vraag de cliënt om de positieve uitspraken over zichzelf bij zich te dragen en daar dagelijks voornemens uit te putten.

Aandachtspunten en tips

- De nieuwe positieve uitspraken moeten voor de cliënt volstrekt geloofwaardig zijn.
- Sommige cliënten hebben een voorzetje nodig. Je kunt hen het beste laten kiezen uit een lijst van negatieve uitspraken. Zij herkennen dan onmiddellijk welke negatieve gedachten de voortgang blokkeren.

Nabespreking

Bespreek hoe krachtig positief denken kan zijn. Ga even na of je cliënt tevreden is over zijn eigen statements. Vraag hem die positieve statements waar mogelijk en relevant thuis hardop uit te spreken.

Werkblad – Beren op de weg

Enkele voorbeelden van negatieve denkbeelden over mezelf zijn:
- Iedereen lacht me uit als ik mijn gedrag verander.
- Wat ik ook doe, het is toch nooit goed.
- Mij is nog nooit iets gelukt, waarom zou het me nu wel lukken?
- Alleen honderd procent is goed genoeg, anders hoeft het van mij niet.
- Als ik maar niet op mijn bek ga.
- Als ik eerlijk ben, weet ik dat het niet uitvoerbaar is.
- Anderen laten me vallen als een baksteen
- Dat kan ik echt niet meer opbrengen.
- Daar heb ik de kracht niet meer voor.
- Daar ben ik te oud voor.
- Dit heb ik niet verdiend.

Deze gedachten maken je somber en minder actief. Het is daarom goed om na te gaan:
- Welke sombere gedachten in je leven en loopbaan spelen op en wanneer?
- Zijn die negatieve gedachten reëel of sterk overdreven?
- Hoe kun je daar het beste tegenin gaan?
- Hoe kun je die negatieve gedachten kwijtraken?

Negatieve gedachten, zoals ik die over mezelf zou formuleren, zijn: →

1 _____

2 _____

3 _____

4 _____

5 _____

Welke denkfout maak ik bij deze gedachten?

1 _____

2 _____

3 _____

4 _____

5 _____

Wat zou een positieve formulering kunnen zijn?

1 _____

2 _____

3 _____

4 _____

5 _____

INSTRUCTIE VOOR DE CLIËNT

In ons leven ontwikkelen we – de een wat meer dan de ander – negatieve gedachten die ons remmen in de uitvoering van onze voornemens. Al vanaf je vroege jeugd heb je heftige ervaringen gehad, zoals aanvaringen met je ouders en met je omgeving, omdat je dingen deed of wilde doen die zij niet goed vonden. Je werd gecorrigeerd, kreeg op je kop. Misschien heb je dingen meegemaakt waarvoor geen verklaringen zijn: je ouders gingen scheiden, je vriendje kwam onder een auto, je werd in je gevoelens afgewezen door je ouders of mensen in je omgeving. Deze heftige ervaringen hebben je leven voor een deel gekleurd en misschien ook geleid tot negatieve gedachten die te pas en te onpas in je opkomen.

Diepgewortelde negatieve gedachten maken je somber en minder actief. Het is daarom goed om na te gaan welke sombere gedachten in je leven en loopbaan nu opspelen en wanneer (zie verder op je werkblad). Train jezelf in het herkennen en opschrijven van negatieve gedachten op momenten dat je je waardeloos voelt (alleen gedachten formuleren, geen gevoelens).

In negatieve gedachten zit meestal een denkfout. Voorbeelden:
– 'Ze zullen me wel ongeschikt vinden voor dit werk.' (Je kunt niet voor een ander invullen wat hij denkt, je kunt geen gedachten lezen.)
– 'Ik ben stom.' (Je plakt jezelf een etiket op. Je bent niet altijd en onder alle omstandigheden stom. Je denkt zwart-wit.)
– 'Dat lukt me toch nooit.' (Je voorspelt zelf je toekomst, maar je kunt nu nog niet weten hoe het afloopt.)

Onderwerp je negatieve gedachten aan een kritisch onderzoek. Maak er een gewoonte van je negatieve gedachten iedere dag opnieuw op te sporen. Dan haal je de denkfout eruit en zet er een positieve gedachte tegenover. Zoek naar een formulering waar je echt achter staat. Wat is de positieve gedachte die bij je opkomt?

39   LOOPBAANINNOVATOR

Je neemt initiatief om een loopbaanbeleid uit te zetten waaraan je je verbindt.

VOOR WIE?
– volwassenen
– een groep van maximaal twaalf personen
– niveau: havo/vwo.

WANNEER?

– kan in iedere planningsfase nuttig zijn
– wordt veel toegepast bij trainingen voor volwassenen.

MOGELIJKE RESULTATEN
– Je werkt je loopbaanbeleid uit.
– Je neemt stelling over je eigen loopbaanactiviteiten.
– Je focust op je eigen initiatief.

DRAAIBOEK
– werkblad en schrijfmateriaal in orde maken (vooraf)
– uitleg geven over de werkvorm (10 minuten)
– de cliënt legt zijn veranderintenties vast (20 minuten)
– de veranderintenties bespreken (10 minuten).
Totaal: 40 minuten.

INSTRUCTIE
Voorbereiding
Leg per cliënt een werkblad en schrijfmateriaal klaar. Eventueel een flip-overvel per deelnemer.

Uitvoering
– Leg uit wat de bedoeling is en deel de werkbladen uit.
– Geef iedereen individueel 20 minuten om zijn veranderintenties op te schrijven.
– Vraag iedere cliënt om in de subgroep te vertellen wat hij heeft opgeschreven.
– Geef de subgroep instructies om onderling elkaars veranderintenties te bespreken.

Aandachtspunten en tips
– Let erop dat de cliënt echt in de rol van innovator van zijn eigen loopbaan kruipt.
– Wijs de cliënt erop dat hij alleen die zaken opschrijft waar hij zelf iets aan kan doen! Zie erop
  toe dat iedereen ook voornemens formuleert om zijn veranderintenties vorm te geven.

Nabespreking

De nabespreking kan ervoor zorgen dat veranderintenties nog scherper worden geformuleerd en dat de cliënt nog vastberadener wil werken aan zijn loopbaaninnovatieproject. Brainstormen over concrete actiepunten op basis van de veranderintenties gaat bijna ongemerkt.

Werkblad – Vijf keer anders

Formuleer wat voor soort verandering je voor ogen hebt in je levensloopbaan.

1 Behouden
Wat doe ik goed en wil ik behouden?

2 Versterken
Wat doe ik nog niet goed genoeg, wat wil ik ontwikkelen?

3 Vernieuwen
Wat doe ik (nog) niet, maar wil ik wel gaan doen?

4 Reorganiseren
Wat doe ik niet goed en wil ik anders gaan doen?

5 Saneren
Wat moet ik niet meer doen, wat wil ik afleren?

INSTRUCTIE VOOR DE CLIËNT

Beschouw je huidige loopbaansituatie als een veranderproject. Jij bent de manager van dat project en jij bepaalt wat er moet veranderen en wat niet. Neem rustig de tijd om het werkblad in te vullen. Daarna bespreek je je veranderintenties met je collega-cursisten.

VARIANTEN

Een tussenstap kan zijn dat je eerst in tweetallen de veranderintenties van elkaar doorspreekt en pas daarna het formulier invult.

40 ACTIEMETER

Met een tienpuntsschaal stel je vast wat je wilt bereiken en je formuleert voornemens over de vorderingen die je wilt maken. Je voelt de spanning tussen droom en werkelijkheid en bent in feite al op weg naar het doel!

VOOR WIE?
- studenten, volwassenen
- individueel
- niveau: havo/vwo.

WANNEER?
- bij de intake of planningsfase
- wordt veel toegepast bij individuele gesprekken met volwassenen.

MOGELIJKE RESULTATEN VOOR DEELNEMER
- Je denkt in kleine stapjes.
- Je neemt verantwoordelijkheid voor je actie.
- Je focust op je eigen initiatief.

DRAAIBOEK
- een korte introductie geven (5 minuten)
- in tweegesprek laten uitvoeren (15-30 minuten).

Totaal: 20-35 minuten.

INSTRUCTIE

Uitvoering

Hoe ver is de cliënt al op weg in de richting van zijn doel? Hoe ver heeft hij nog te gaan? Wat helpt hem een stuk verder op die weg? De afstand en de weg naar het einddoel kun je kwantificeren. Vraag de cliënt dit in getalsvorm uit te drukken. Dan krijg je verrassend gemakkelijk gespreksstof, die tot actieplannen en voornemens leidt.

Je vraagt je cliënt om op een schaal van 0 tot 10 aan te geven hoe ver hij van zijn doel verwijderd denkt te zijn. Als hij niet 0 zegt, maar 2 of 3 of nog meer, dan is een boeiende vraag wat hij al heeft bereikt vanaf het nulniveau. Laat de cliënt tot in detail beschrijven wat hem scheidt van het nulniveau. Wat doet hij nu al goed? Een fascinerende, maar ook motiverende vraag is ook wanneer het een 10 zou zijn. Wat doet jouw cliënt anders dan nu in de ideale situatie?

Ook de cliënt weet dat hij niet meteen naar de 10 kan. De vraag hoe ver hij op korte termijn wil komen, is ook in een punt uit te drukken. De vragen die je kunt stellen, zijn vooral gericht op mogelijk nieuw adequaat gedrag van de cliënt.

Leg minder de nadruk op wat er in de omstandigheden verandert. De sleutelvraag is: 'wat doe je anders als je dit punt hebt bereikt?' De vraag wat hij kan doen om in die richting te komen, leidt tot het formuleren van concrete actieplannen.

Aandachtspunten en tips

Bij deze werkvorm is van belang dat de spanning tussen wens en werkelijkheid dragelijk blijft. Verder is het erg belangrijk om de cliënt te helpen zijn aandacht vooral te richten op wenselijk gedrag om zijn doelen te kunnen bereiken en niet op de bijdrage van andere actoren.

Zie erop toe dat de cliënt formuleert wat hij zelf kan en wil ondernemen om zijn situatie in de goede richting te sturen. Hij formuleert dus in termen van gedrag en handelen.

Werkblad – Actiemeter

Beantwoord de volgende vragen:

- Wat maakt dat je op ... zit?
- Hoe kun je ervoor zorgen dat je op ... blijft?
- Wat is het volgende cijfer?
- Hoe ziet dat eruit?
- Wat is het verschil?
- Wat zou er anders zijn?
- Zijn er momenten dat je al op ... zit?
- Wat is er dan gebeurd?
- Hoe weet je dat je op ... staat?
- Waaraan kun je merken dat je op ... staat?
- Wat is het verschil?
- Hoe weten andere mensen dat?
- Hoe merk je dat aan anderen?
- Hoe zou je je wensen beter kunnen realiseren?

Schrijf je antwoorden op en zorg dat je regelmatig aan dit voornemen werkt.

INSTRUCTIE VOOR DE CLIËNT

Teken een lijn met 0 aan de linkerkant en 10 aan de rechterkant. De 0 staat voor: ik ben nog nauwelijks in de buurt van mijn doel. De 10 staat ervoor dat jij je doel volledig bereikt hebt. Waar zit je dan nu op die lijn, bij welk cijfer tussen de 0 en de 10?

VARIANTEN

De wondervraag: je vraagt aan je cliënt om even tovenaar te zijn en een wonder te verrichten in zijn eigen loopbaan. Laat hem dit wonder nauwkeurig beschrijven. Praat daarna na over de vraag hoe je dit wonder dichterbij kunt brengen.

WERKVORMEN TOEPASSEN

De cliënt

DE METHODISCHE CONTEXT

De wereld van studie en werk is een arena geworden waarin je je als student en/of werknemer alleen kunt handhaven door flexibel in te spelen op de veranderingen in de context die zich continu voordoen. Je bent ondernemer van je eigen loopbaan geworden. Succes en voldoening in je loopbaan hangen af van de mate waarin je *loopbaanweerbaarheid* kunt laten zien: het vermogen om je steeds opnieuw aan te passen aan veranderlijke loopbaanomstandigheden. Dit dwingt je om je onafhankelijker op te stellen en je eigen koers te varen. Dit betekent dat je zelf het centrum bent van je loopbaanontwikkeling en niet je omgeving. Daarmee wordt je loopbaanweerbaarheid de centrale factor.

Je handhaven in leven en loopbaan gaat niet vanzelf. Je moet er wat voor doen. Uit de praktijk van de loopbaanbegeleiding komt het volgende beeld van loopbaanweerbaarheid in tien punten naar boven.

1   Neem de verantwoordelijkheid voor de sturing van je eigen loopbaan

De uitkomst van loopbaanprocessen staat niet bij voorbaat vast. Tussen probleem en oplossing ligt altijd een keuze. Je bent nooit alleen maar slachtoffer. Je blijft de uitvinder en eigenaar van de volgende stap in jouw leven en loopbaan. Daar ben jij verantwoordelijk voor. Niet voor wat anderen doen en besluiten. Niet voor wat de situatie met zich meebrengt, maar volledig voor jouw antwoord op die situatie. Covey (2000) spreekt over het geschenk van de vrijheid om te kiezen. Je bent niet volledig overgeleverd aan de situatie en je hoeft er niet volledig door bepaald te worden. Het resultaat van iedere loopbaanstap komt ook voort uit een keuze.

2   Wees proactief

Rust en stabiliteit voor langere tijd komen niet vaak voor in de loopbanen van mensen in de 21ste eeuw. Omdat bedrijfsprocessen sneller veranderen, arbeid vaker anders wordt georganiseerd en verdeeld, blijft het nodig om actief te anticiperen op mogelijke nieuwe ontwikkelingen of veranderingen. Juist omdat anderen ook meebeslissen over jouw lot in je loopbaan, kun jij niet passief blijven. Proactiviteit is het omgekeerde van struisvogelpolitiek. Je bent alert en staat open voor ieder signaal dat op verandering wijst. Je neemt op tijd initiatief en wacht niet af totdat anderen initiatieven nemen.

3 Houd rekening met je basisbehoeften als persoon

Het aantal mensen dat over hun werk klaagt, is groot. Als je goed naar hen luistert, ontdek je dat veel verhalen die zij vertellen om hun onvrede toe te lichten, slaan op heel basale noden. Jij hebt er behoefte aan om zelf te beslissen over je loopbaan en de invulling van je werk. Jij verlangt naar een veilige omgeving, waarin je wordt gesteund en gewaardeerd. Je wilt succes behalen in je werk en je bekwaamheid tonen.

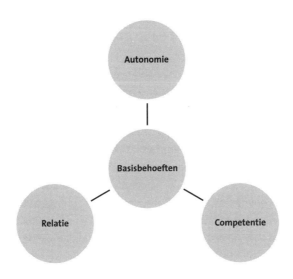

Figuur 2

4 Ontwikkel zelfkennis

Zelfkennis is geen computerbestand en bestaat niet uit een gigagrote reeks vaste gegevens, opgeslagen in een bepaalde hoek van het geheugen. Zelfkennis is de oogst van een leerproces. Zelfkennis ontstaat door zelfkritiek. Dat is niet gemakkelijk. Het ligt in de menselijke natuur opgesloten dat je bij anderen, en ook in je eigen ogen, positief over wilt komen. In zekere zin koester je vaak illusies over jezelf en heb je moeite om in contact te komen met jezelf zoals je bent. Bouwen aan toekomstplannen werkt pas goed als jij die illusiewereld kunt loslaten en gaat voor de werkelijkheid. Het gekke is dat zelfkennis meestal voor het oprapen ligt. In je eigen situatie worden tal van signalen afgegeven, die je oppikt of negeert.

5 Durf te dromen

Zonder droom waar je achter kunt staan, blijft ingaan op alle mogelijkheden die zich voordoen toch iets willekeurigs houden. Veel mensen nemen hun fantasie onvoldoende serieus. Alleen met je verbeelding kun je op ideeën komen waar jij volledig achter kunt staan. Soms is je manier om plannen te maken te rationeel. Het kan ook zijn dat je aan het tunnelsyndroom lijdt. In dat geval zoek je naar oplossingen voor je situatie die gebaseerd zijn op argumenten die gelden zolang de huidige situatie blijft voortbestaan. Het kan zijn dat jij wel vol dromen zit, maar dat je ze niet bewust kunt oproepen. Soms speelt ook de schrik voor de consequenties een grote rol, waardoor iedere vorm van fantaseren snel wordt onderdrukt.

6 Maak je los van remmende gedachten

Je ontwikkelt opvattingen over jezelf en de wereld om je heen. Je hebt ideeën over de manier waarop je te werk moet gaan bij het plannen van je toekomst. Deze opvattingen en ideeën zijn soms een blok aan je been. Juist door deze opvattingen ben je soms niet gemotiveerd om je loopbaanzaken goed te regelen. Juist door die meningen over hoe je moet handelen, doe jij precies het verkeerde.

Voorbeelden van remmende gedachten zijn: Ik weet zeker dat je als vrouw geen kans maakt op die baan; ik moet eerst honderd procent zeker zijn van mijn keuze; bij het vinden van een baan moet je gewoon geluk hebben.

7 Ervaar je loopbaan als een samenwerkingsproject van meer partijen

Welzijn in loopbaanland heeft veel te maken met de rol die anderen, maar ook instanties en organisaties als scholen en bedrijven, in het loopbaanspel met jou spelen. Scholen en bedrijven kunnen de samenwerking eenzijdig opzeggen of afhouden. Zij geven je kansen, scheppen verwachtingen, stellen grenzen en leveren commentaar. Ze financieren, ondersteunen en blokkeren nieuwe mogelijkheden. Ze hebben er belang bij hoe het met jou verdergaat in je loopbaan. Ze volgen je volgende stap met argusogen en proberen deze, voor zover dit in hun macht ligt, te beïnvloeden in de richting die ze zelf willen. De loopbaan van de cliënt is een project dat door samenwerking met anderen kan slagen of mislukken. Zelfvertrouwen en faalangst, verzet en onbevangenheid zijn te begrijpen als een reactie op je omgeving. Je profileren, onderhandelen, netwerken, en feedback vragen en kritiek verwerken, kunnen ertoe bijdragen dat de samenwerking goed loopt en het project loopbaan zich voorspoedig ontwikkelt.

8 Communiceer open met anderen over jezelf en je loopbaan

Contact is het middel bij uitstek om de visie op jezelf en je loopbaansituatie aan te scherpen. Zonder communicatie blijft dit proces steken in bekende patronen. De waarheid is een diamant met vele facetten. Je ziet er zelf een paar, maar anderen zien vanuit hun gezichtspunt andere facetten van dezelfde diamant. Open communicatie betekent dat jij het contact niet gebruikt om je zelfbeeld te beschermen en iedere vorm van kritiek te ontzenuwen. Het is van belang dat je niet meegaat in machtsspelletjes.

9 Formuleer doelen en voornemens als kleine stapjes op een lange weg

De toekomst is vaak een langetermijnproject. Je kunt niet overzien waar jij tenslotte uit zult komen. 'Begin bij het begin' (Covey, 2002) is een belangrijke boodschap voor je. De neiging om stappen over te slaan is groot. Je denkt liever aan de finale, aan het einde van het traject, dan aan de concrete oefeningen en acties die je uiteindelijk in de finale moeten brengen. Als cliënt kun je beter aansluiten bij situaties waarover je wel iets kunt zeggen en waar je nu iets aan kunt doen. Het maakt een enorm verschil als jij vastberaden werkt aan wat jij op dit moment kunt doen om verder te komen. Daarom is het verstandig concrete doelen vast te stellen en voornemens te maken.

10 Reflecteer en verwerk iedere nieuwe ervaring of activiteit persoonlijk

Zonder reflectie geen verandering. Doelgericht leren van je eigen ervaringen en gericht werken aan verbeteringen vraagt om systematische reflectie. Dat is vaak toch net iets anders dan cliënten van nature geneigd zijn te doen. Je kijkt wel naar je eigen ervaringen, maar te vaak omdat je erop gericht bent snel oplossingen voor praktische problemen te vinden, zonder dat de onderliggende problematiek duidelijk wordt. Dat is wel een effectieve manier om in een drukke werkelijkheid overeind te blijven, maar het gevaar dreigt dat de echte loopbaanontwikkeling stokt. Soms hebben cliënten standaardoplossingen ontwikkeld voor wat ze als probleem ervaren en zijn de hierbij ontwikkelde oplossingsstrategieën min of meer vastgeroest. Deze strategieën staan niet meer ter discussie, laat staan de ooit gemaakte analyse van de problematiek. Het is dus belangrijk om jezelf uit dit patroon te halen, zodat je weer echt een frisse kijk ontwikkelt en gaat leren.

De coach

DE METHODISCHE AANPAK VAN LOOPBAANBEGELEIDING

Loopbaanbegeleiding betekent in eerste instantie iemand de maat nemen. De vraag is steeds of de cliënt adequaat bezig is en op welk punt hij nog iets moet leren om verder te komen bij het realiseren van zijn loopbaanontwikkeling. Het verhaal van de cliënt is een verhaal dat je selectief beluistert. Je kijkt naar de zelfsturing van deze unieke persoon en vraagt je samen met de cliënt af of hij het daarmee kan redden in zijn actuele loopbaansituatie. Dit doet hij door zijn loopbaanweerbaarheid te problematiseren aan de hand van de tien punten die we zojuist hebben genoemd. De inhoud van het loopbaangedrag van de cliënt maakt duidelijk op welke punten hij nog moet leren om zich weerbaarder op te stellen.

1 Samen willen leren

Het loopbaanvraagstuk van je cliënt is uniek en nieuw. De relatie tussen cliënt/opdrachtgever en jou is ook nieuw. Er bestaan geen scenario's vooraf. De kaart van het gebied dat wordt betreden, moet nog worden gemaakt. Alleen door jouw lerende houding en die van de cliënt kun je vooruitkomen. Reflectie op wat in het gesprek tussen jou en de cliënt te berde wordt gebracht, leidt tot verdieping van inzichten, tot vernieuwing van engagement, tot een experimentele houding naar het loopbaanvraagstuk en tot verrassende scenario's voor de toekomst.

2 Basisvaardigheden voor communicatie

Je moet beschikken over basisvaardigheden om de communicatie met de cliënt zo te leiden, dat er sprake is van een optimale open communicatie over het loopbaanvraagstuk. Het gaat om drie typen vaardigheden:

– Niet-selectieve luistervaardigheden die ruimte maken voor het persoonlijk verhaal van de gesprekspartner, zonder het verhaal te beïnvloeden en het in een bepaalde richting te sturen. Aandacht geven en aanmoedigen, daar gaat het hier vooral om. Dit kun je non-verbaal doen door je houding, oogcontact en ondersteunend knikken. Open vragen maken de luisterende aandacht verbaal zichtbaar.

– Selectieve luistervaardigheden die bijdragen aan de methodische verkenning van de aangereikte informatie en de gesprekspartner helpen hem te reflecteren op zijn eigen situatie. Je haalt uit het verhaal aspecten naar voren die jij belangrijk vindt. Je doet dit door sommige zaken samen te vatten, door bepaalde gebeurtenissen te analyseren, door op bepaalde onderwerpen door te vragen, door stil te staan bij de gevoelsdimensie in het verhaal.

– Regulatieve vaardigheden dragen ertoe bij dat het gesprek geordend en zinvol verloopt. Je opent het gesprek en koppelt nieuwe informatie aan de doelstelling van het gesprek. Je verduidelijkt de gesprekssituatie en sluit het gesprek af.

3 Procesmatig werken

In eerste instantie gaat je aandacht uit naar gezamenlijk de aard van het loopbaanvraagstuk verkennen en verwoorden. In tweede instantie gaat je aandacht uit naar samen een adequate unieke leerroute voor de cliënt ontwerpen: het leerarrangement.

4 Het probleem analyseren

Bij de probleemanalyse zoek je naar een exploratiekader dat je kan helpen snel, maar ook doeltreffend contact te krijgen met het persoonlijke loopbaanverhaal van je cliënt. Dit kader van verkennende vragen moet ertoe bijdragen dat je op het spoor komt van informatie die je iets vertelt over de loopbaansturing van je cliënt.

Welke opvattingen, welke motivationele factoren en welke manier van informatie verwerken bepalen de kwaliteit van zijn loopbaansturing? Het is van belang om de probleemomschrijving in verband te brengen met deze manier van zelfsturing en de kwaliteit hiervan te analyseren als onderdeel van het loopbaanvraagstuk.

Voorbeeld opvattingen: de cliënt/student heeft als overtuiging: 'Je mag een studie die je niet ligt, pas opgeven als je met honderd procent zekerheid kunt zeggen wat je dan daarvoor in de plaats gaat doen.' Zijn opvatting maakt dat hij niet toekomt aan onbevangen verkennen wat hij eigenlijk zou willen. Hij moet namelijk tegelijk verder studeren en iets nieuws gaan verkennen.

Voorbeeld motivatie: een jeugdige werkloze heeft als persoonlijk dilemma: 'Ik wil me kalm houden en niet echt ergens voor kiezen en dus ook geen tegenvallers hoeven incasseren of echt achter mijn eigen verborgen wensen gaan staan en daarvoor knokken met de mogelijk-heid op verlies.' Zijn energie blijft steken in dit dilemma.

Voorbeeld leerhouding: een werknemer durft nog steeds niet te beslissen of hij wel of niet coördinator wil worden, omdat hij pas echt aanneemt dat hij iets kan als hij het aan den lijve heeft ervaren.

5 Voorlopige probleemdefinitie

Problemen worden in het samenspel tussen de cliënt en jou opnieuw geformuleerd, met bij-zondere aandacht voor sturing door de cliënt van het probleem. Het woord 'probleem' vat je op als een zakelijke en neutrale aanduiding van een loopbaankwestie die speelt en die je wilt aanpakken.

Samen kom je tot een probleemakkoord. Dat wil zeggen dat je overeenkomt wat je op dit moment van samenwerken als belangrijk ziet. Je komt tot een voorlopige probleemdefinitie. Deze omschrijving vormt de basis van de volgende fase in het gesprek waarin je werkt aan het ontwikkelen van een zinvolle leerroute voor de cliënt.

6 De constructiefase van het leerarrangement

In deze fase stel je je tot doel een leerproces op gang te brengen dat past bij de persoon die begeleiding vraagt. Dit leerproces kan zich uitstrekken over meerdere gesprekken. De leeracti-viteiten komen buiten deze gesprekken tot stand. In de gesprekken worden de leeractiviteiten besproken, voorbereid, geëvalueerd en eventueel bijgesteld. Het is aan te bevelen om iemand leeractiviteiten aan te bieden die hem dwingen contact te zoeken met de mensen in zijn eigen omgeving.

Je toont je professionaliteit door op basis van de probleemomschrijving een leerarrangement te construeren dat past bij deze persoon. Individueel maatwerk is noodzakelijk. Standaardop-lossingen werken niet.

LOOPBAANTRAININGEN

Bij loopbaantrainingen gaat het niet meer alleen om aandacht voor het individu, maar vooral ook om aandacht voor taakgerichte groepsprocessen. Groepsdynamica staat dan centraal. Je neemt je bagage mee in de nauwkeurige afstemming op individuen in de groep. De volgende trainersinterventies kunnen daarbij zinvol zijn:

1 Inhoudsinterventie

Een inhoudsinterventie bestaat uit het meedelen van relevante gegevens, een mening, een ervaring, die de inhoud van het groepsonderwerp verrijken. Dit kan ertoe bijdragen dat de groepsdoelen worden bereikt. Dit is alleen zinvol als je vermoedt dat andere groepsleden deze inhoudsbijdrage niet kunnen leveren.

2 Procesinterventie

Door een procesinterventie verschuift de aandacht van de inhoud naar wat er in de groep zelf gaande is. Bijvoorbeeld: 'Merken jullie dat er tot nu toe steeds twee aan het woord zijn en de rest zwijgt?'

Het bevorderen van metacommunicatie is vooral zinvol als je de groepsinteractie wilt bevorderen om de groepsdoelen te bereiken.

3 Op gevoelens doorvragen en focussen

Hierbij werk je aan het groepsklimaat door de subjectieve participatie en de beleving daarvan te verkennen. Een voorbeeld: 'Wat ging erin jou om toen Eric dat net tegen je zei?' Aandacht voor de beleving is vooral belangrijk bij groepen die van elkaar willen leren over hun persoonlijk functioneren.

4 Directieven geven

Bij deze interventie breng je structuur aan in het groepsgedrag. Voorbeelden: 'Maak nu een naamkaartje; werk in groepjes van drie; werk met iemand die je nog niet zo goed kent; geef je eigen oordeel over de waarde van deze dag in de vorm van een cijfer.' Structureren via directieven is nuttig als de groep moet weten waar hij aan toe is en van daaruit de groepsdoelen kan bereiken.

5 Direct feedback op groepsgedrag geven

Dit zet de toon voor gewenst gedrag in de groep. Het kan vooral in de beginnende groep wat bedreigend overkomen als je stilstaat bij ongewenst gedrag. Daarom is vooral in het begin positieve feedback van belang.

6 Expert-interventie

Je beschikt over kennis of informatie die jou tot expert maakt. Dit is ook een valkuil: de groepsdynamica stagneert als je zelf alles benoemt.

7 Groepsrollen vervullen

Je kunt vooral in een startende groep een voorbeeldfunctie vervullen door veel groepsrollen waar te nemen: luisteren, gevoelens van de groep uitdrukken, consensus zoeken, procedures formuleren, anderen uitnodigen ook iets te zeggen, de brij van informatie samenvatten en de kern blootleggen.

8 Het groepsproces diagnosticeren

Je benoemt hardop wat je ziet gebeuren in de groep en hoe oorzaken en gevolgen samenhangen in de groep. Bijvoorbeeld: 'Het valt me op dat jullie zo moeilijk aan de slag gaan met de opdracht. Ik heb de indruk dat jullie er moeite mee hebben om hier vrijuit je eigen mening naar voren te brengen. Klopt dat?' Je richt je aandacht op het groepsproces.

9 Beschermingsinterventie

Je neemt een groepslid in bescherming tegen zichzelf als hij zich te veel laat gaan, of tegen de groep als deze te indringende feedback levert aan het groepslid.

WERKVORMEN INSCHAKELEN

Je onderscheidt je door je vakkennis. Dit wordt duidelijk wanneer je eventueel adequate werkvormen toepast bij het construeren van het leerarrangement. Een werkvorm is een gestructureerde vorm voor de 'leertaak' die je de cliënt aanbiedt. Jij beoordeelt of het zin heeft om een werkvorm in te schakelen, en zo ja, welke werkvorm een goede ingang kan vormen om leeractiviteiten voor je cliënt te construeren.

Bij de keuze van werkvormen houd je de volgende criteria in het oog:

- De cliënt moet de leeropdrachten echt zien zitten.
- De leeractiviteiten zijn op korte termijn uit te voeren.
- De leeractiviteiten leiden bijna zeker tot een positief resultaat.
- Evaluatie van de activiteiten moet goed mogelijk zijn.
- De activiteit is zo gekozen dat deze aansluit op de manier van leren van je cliënt.

Algemene spelregels bij het uitvoeren van de werkvormen zijn:

- Zorg dat je eerst helder hebt wat er precies speelt en aan welke vragen je gaat werken. Werk dus nooit een standaardprogramma af!
- Benoem en verduidelijk het doel van de werkvorm expliciet.
- Vraag instemming van je cliënt om de werkvorm toe te passen.
- Leg de werkwijze van de werkvorm uitvoerig uit.
- Check of de cliënt je instructie heeft begrepen.
- Bespreek hoe de cliënt de werkvorm heeft ervaren.
- Bespreek het resultaat van de werkvorm.
- Help je cliënt het resultaat van de werkvorm te vertalen naar de implicaties voor de loopbaankwestie die speelt.

De praktijk

CASUS 1: MARK

Mark is nu een jaar afgestudeerd. Zijn sollicitaties lopen niet. Hij wordt meestal wel direct opgeroepen voor een gesprek, maar in het gesprek gaat het ergens mis.

Tijdens onze eerste afspraak wordt duidelijk dat Mark door minstens twee factoren de mist in gaat. Hij solliciteert op alles wat zich voordoet, ook al staat hij er niet honderd procent achter. Hij probeert in de sollicitatiegesprekken steeds de meest wenselijke antwoorden te geven, waardoor het voor de interviewer lijkt alsof hij eromheen draait.

Zijn taalgebruik tijdens ons gesprek is bijzonder abstract en mist de koppeling aan zaken die hij zelf heeft meegemaakt. Hij zit erbij als iemand die optimaal geconcentreerd een wedstrijd speelt. Een ontspannen glimlach kan er niet af, zelfs niet als je een grapje maakt.

Werkvormen die voor de begeleiding van Mark nuttig kunnen zijn:
- Als huiswerk kan Mark de werkvormen 15, *Droombaan* en 26, *Competentiecheck* voorbereiden. Deze worden grondig doorgesproken in het tweede gesprek.
- Mark krijgt nu als huiswerk mee om werkvorm 23, *Zoekprofiel* uit te werken en een advertentie mee te brengen van een baan waarop hij zou willen solliciteren.
- Beide opdrachten worden besproken en Mark weet nu wat hij zoekt op de arbeidsmarkt. Als huiswerk krijgt Mark de opdracht een sollicitatiebrief te schrijven op basis van zijn zoekprofiel en de advertentie.
- In het derde gesprek begint de sessie na een gesprek over het huiswerk met een ontspanningsoefening, werkvorm 8, *Op de plaats rust.*
- Daarna volgt het oefenrollenspel, werkvorm 30, *Sollicitatievragen.* Het rollenspel wordt geëvalueerd en daarna herhaald met concrete aanwijzingen hoe hij adequater kan reageren.

Begeleidingstijd inclusief intake: vijf uur.
Mark besteedt acht uur aan het huiswerk.

CASUS 2: JOYCE

Joyce is 51 jaar en werkloos. Ze werkte in de ICT-branche als commercieel directeur. Haar afdeling scoort onvoldoende en ze wordt ontslagen. Joyce gelooft niet echt in haar kansen als 50-plusser. De druk is groot. 'Er moet brood op de plank komen', herhaalt ze steeds. In haar oriëntatie op een nieuwe baan wil ze verder in de lijn van haar loopbaan, terwijl ze diep in haar hart eigenlijk een switch wil maken, zo ver mogelijk weg van die harde commercie.
Tijdens ons eerste gesprek wordt duidelijk dat ze een knoop moet doorhakken en duidelijkheid moet scheppen voor zichzelf. Pas als ze dat heeft gedaan, kan ze aandacht gaan besteden aan adequate communicatie over haar ervaring en kwaliteiten via sollicitaties.

Het voorstel voor werkvormen voor Joyce:
- Huiswerk na intake: Joyce maakt de opdracht van werkvorm 22, *Mindmap* van haar loopbaansituatie met de deelaspecten.
- Na het eerste gesprek maakt ze de opdracht van werkvorm 17, *Scenarioschrijver* .
- Als huiswerk na het tweede gesprek werkt Joyce thuis aan de opdracht in werkvorm 20, *Wapenschild* .
- En na het derde gesprek doet ze de opdracht van werkvorm 24, *Go with the flow* .
- Na het vierde gesprek maakt Joyce de opdracht van werkvorm 34, *Beweging in het keuzeproces.*
- Tot slot gaat ze na het vijfde gesprek aan de slag met werkvorm 30, *Sollicitatievragen* , waarna we samen evalueren.

Begeleidingstijd inclusief intake: zes uur.

Joyce besteedt acht uur aan het huiswerk.

CASUS 3: GROEPSWERK

Op verzoek ontwikkelen we een trainingstweedaagse voor 45-plussers. Dat leidt tot een voorstel met daarin opgenomen de volgende werkvormen:

– kennismaking, door werkvorm 1, *Beroepsnamen*
– je inleven in de doelgroep met werkvorm 5, *Leeftijd*
– missie en waarden bespreken met werkvorm 13, *Afscheidsrede*
– een toekomstfantasie ontwikkelen met werkvorm 11, *De film van je toekomst*
– talentonderzoek door werkvorm 24, *Go with the flow*
– talentonderzoek door werkvorm 25, *Competentieprofiel*
– ontspannen met werkvorm 7, *De wandeling*
– loopbaanonderzoek door werkvorm 29, *Anders kijken naar hetzelfde*
– loopbaanideeën genereren met werkvorm 19, *Loopbaan tekenen*
– plannen maken met werkvorm 39, *Loopbaaninnovator*
– plannen maken met werkvorm 40, *Actiemeter*.

LITERATUUR

Aken, T. van en W. Reynaert (red.), *Labyrintologie. Dwalen in loopbaanland.* Schiedam: Scriptum, 2007.

Amundsen, A., *Actief betrokken, een verbetering van het loopbaanproces.* Rotterdam: De Esdoorn, 2004.

Berg, I. van den en A. van Galen, *Lopen doe je zelf. Vanuit persoonlijke kracht je levensloopbaan sturen.* Zaltbommel: Thema, 2005.

Berg, I. van den en T. Kanters, *Werken met Persoonlijke Ontwikkel Plannen.* Zaltbommel: Thema, 2003.

Bienemann, M. en R. Spijkerman, RAAK. *Sleutels voor loopbaanplanning.* Leeuwarden: LDC, 2002.

Bienemann, M, en R. Spijkerman, *Vang je eigen schaduw. Werkboek voor leven en loopbaan.* Zaltbommel: Thema, 2004.

Bienemann, M., R. Spijkerman en M. Reekers, *Door de wol geverfd. Je loopbaan na je 45ste.* Zaltbommel: Thema, 2009.

Bolles, R., *Welke kleur heeft jouw parachute? Een werkboek.* Amsterdam: Nieuwezijds, 2006.

Brouwer, C., *Coachen naar eigenheid.* Soest: Nelissen, 2007.

Buzan, T., *How to Mindmap.* New York: Harpers Collins Publishers, 2002.

Covey, S., *De zeven eigenschappen van effectief leiderschap.* Amsterdam: Business Contact, 2000.

Covey, S., *Prioriteiten, effectieve keuzes in leven en werk.* Amsterdam: Business Contact, 2002.

Dirkse-Hulscher, S. en A. Talen, *Het grote werkvormenboek.* Den Haag: Academic Service, 2008.

Dilts, R. en Epstein, T., *Tools for Dreamers. Strategies of Creativity and the Structure of Innovation.* Cupertino: Metapublications, 1991.

Dols, R., *Professionele loopbaancoaching.* Culemborg: Van Duuren management, 2008.

Frank, L. en S. Rebel, *Samenwerken in teams. Toolbox voor teamontwikkeling.* Den Haag: Academic Service, 2007.

Gramsbergen, Y. en H. van der Molen, *Gesprekken in organisaties*. Groningen: Wolters Noordhoff, 2005.

Haan, E. de, *Leren met collega's. Praktijkboek collegiale intervisie*. Assen: Van Gorcum, 2003.

Hampsink, M. en N. Hagedoorn, *Beweging in je brein*. Den Haag: Academic Service, 2006.

Hoffman, E., *Interculturele gespreksvoering*. Houten: Bohn Stafleu Van Loghum, 2002.

Inkson, K., *Understanding Careers. The Metaphors of Working Lives*. Thousand Oaks, CA: Sage, 2007.

Jackson, P. en M. McKergow, *Oplossingsgericht werken*. Zaltbommel: Thema, 2002

Karreman, M., *Warming-ups en energizers*. Zaltbommel: Thema, 2007.

Knoope, M., *De creatiespiraal*. Nijmegen: KIC, 1998.

Kuijpers, M., *Breng beweging in je loopbaan*. Den Haag: Academic Service, 2005.

Kouwenhoven, M., *Het handboek strategisch coachen*. Soest: Nelissen, 2007.

Lang, G. en H.T. van der Molen, *Psychologische gespreksvoering. Een basis voor hulpverlening*. Baarn: Nelissen, 2000.

Lingsma, M. en M. Scholten, *Coachen op competentieontwikkeling*. Soest: Nelissen, 2001.

Ofman, D., *Bezieling en kwaliteit in organisaties*. Utrecht: Kosmos/Servire, 2006.

Piët, S., *Het communicatiedenkboek*. Amsterdam: Pearson Education, 2007.

Reekers, M., *Coachen in het hoger beroepsonderwijs*. Soest: Nelissen, 2004.

Remmerswaal, J., *Het begeleiden van groepen*. Houten: Bohn Stafleu Van Loghum, 2006.

Reynaert, W. en R. Spijkerman, *Loopbaandilemma's*. Leeuwarden: LDC/ Malmberg, 2009.

Spijkerman, R., *Loopbaangesprekken*. Zaltbommel: Thema, 2005.

Spijkerman, R. en D. Admiraal, *Loopbaancompetentie*. Alphen aan den Rijn: Samsom, 2000.

Verhoef, A., *Creatieve loopbaanplanning*. Soest: Nelissen, 2001.

Waard, E. de, *De veldheer en de danseres. Omgaan met je levensverhaal*. Apeldoorn: Garant, 2002.